老板,这种设计没人买!

[日] 川岛蓉子 著

一丁虫 译

云南出版集团
云南美术出版社

序　言

"没品位的老板会搞垮日本！"

这是本书在《日经商业在线》连载时的标题。虽然有点过激，不过之所以起这样的标题，是因为近几年来，生活中的设计正变得越来越没有美感。

不知从何时起，无论街道还是建筑，无论以百货店为首的商业设施还是汽车、家电、衣饰潮流，越来越难看到有趣而富有魅力的、令人拍案叫绝的精彩设计，我心中生出了巨大的疑问：为什么？

回顾过往，自20世纪80年代末到90年代中期，以索尼的家电产品、本田的汽车为首，日本商家的产品广受欧美及海外各国瞩目。日本时装设计师设计的时装，也在巴黎时装周上获得了很高评价。

这样的日本势头，不知在何时悄然衰落……精彩的设计、优雅的设计、时尚的设计，不复诞生。

近些年，采访在日本企业工作的设计师时，经常听到这类负面的话："在公司里，就算提出我认为很精彩的设计，也得不到上头的认可，无法成为商品。""发售新产品的周期是确定好的，整天

PREFACE

都要应付产品更新,连休息都顾不上。"

这样的情况,无论对于使用产品的消费者,还是发售商品的企业人,都是不幸的。

为什么日本不再出现精彩的设计了呢?

问题在于"缺乏有品位的老板"。

换句话说,问题在于那些无法掌控设计的经营者。当然,这只是我的猜测。

回想近年来旧态依然的企业商品、固步自封的商业设施,也许可以得出结论:日本企业经营层所认为的"精彩设计",其实非常俗气。俗气的设计令消费者不屑一顾,企业业绩因而下降——正因为经营者无法掌控设计,所以出现这样的恶性循环。

真是如本书的标题所示:"老板,这种设计没人买"啊!

反过来说,即使在今天,只要优秀的经营者能够推出精彩的设计,便可以畅销市场,提升业绩。"俗气的老板搞垮日本",反过来也可以说是"洋气的老板拯救日本"。

如此说来,我就想到,应该再去请教那些品位独到的经营者和

序　言

创造出精彩设计的创作者，听听他们的讲述。在他们的思考和实践中，一定存在能让日本设计变得更好的启示。

我决定径直抛出坦率的疑问，比如"日本设计处在怎样的状况中？""为什么日本的经营者无法掌控设计？""什么地方出现了问题？""今后该如何去做？"这些问题一定会得到有趣的回答，以及可以开拓未来的观点。

于是，我请教了在本书中登场的六位经营者和创作者。

他们每一位都具备敏锐的嗅觉、精准的直觉和明晰的理论。他们不受眼前的课题束缚，会去想象遥远的未来，并以那未来作为起点，创造出令人长久喜爱的设计、商品、服务和商业。他们鲜明地描绘未来，并挑战它——这是他们成功的共通秘诀。

同时，在对时代的看法、工作的方法、自身的锻炼等方面，我也得到了非常多的启示。那许多基于一流工作经验的词句，在我心中厚重地回荡。我得到的不仅仅是诀窍，更有充满启迪和引导思考方式、工作方式、生活方式的讯息。

PREFACE

　关于本书的阅读对象，首先当然是经营者与商业人士，同时还有各行各业的创作者、即将就职的学生等，希望广泛的人群都能来读一读。因为本书涉及的不仅是经营与设计，也有今后的工作方式，夸张点说，对未来的生活方式也有诸多涉及。

　如果本书能为各位读者的未来照亮微光，那将是我的荣幸。

川岛蓉子

* 本书中六位访谈对象的头衔，依据原书首版

目录

【社长先生的意见之一】

与增田宗昭先生的对话 CCC 株式会社代表董事总裁 ⋯⋯ 001

不要没品位的店
没品位的办公室
没品位的社长

01 正因为我什么图纸都不看，才有了代官山的茑屋书店 ⋯⋯ 003

02 不"面向团块世代"，TSUTAYA 就维持不下去 ⋯⋯ 013

03 如今最糟糕的经营，就是"追求效率" ⋯⋯ 024

04 让客户理解的"企划"都是垃圾 ⋯⋯ 034

05 为什么说经营中最重要的是"设计"？ ⋯⋯ 042

CONTENTS

设计者的意见之一

不创建「品牌」便无法由全世界汇集顾客、人气和财富

与佐藤可士和先生的对话　艺术总监、创意总监 ……051

- 01 单靠洋洋和马马，无法与世界战斗 ……053
- 02 意识到仅靠广告宣传已经不行的瞬间 ……067
- 03 最少也请准备3年时间 ……077
- 04 设计，是最强大的「词汇」 ……086
- 05 「可士和超整理术」得益于调皮大王的启发 ……094

目录

社长先生的意见之二

不够精彩的百货店无法生存

与大西洋先生的对话 三越伊势丹控股董事长、社长

01 百货店的市场份额只有5%

02 让百货店的「门外汉」来设计

03 新宿伊势丹被20岁的女生们改变

04 未来百货店的做法

CONTENTS

设计者的意见之二

更想创造美丽的普通而非新颖的奇特

与和田智先生的对话 汽车与工业设计师、SWdesign 董事长 ……141

01 日本的设计太拘泥于「新颖」……143
02 可以不要再开 minivan 了吗？……158
03 现在才说「设计第二」的公司，岌岌可危……170
04 设计是社长的工作……175
05 想要创造「美丽之普通」……184

目录

社长先生的意见之三

只能看到眼前的顾客 那是二流的商人

与冈藤正广先生的对话 伊藤忠商事董事长、社长 ……197

01 「真正的顾客」不是眼前的顾客 ……199

02 有品位的商社、没品位的商社 ……210

03 品位诞生于辛劳之后的成功 ……220

04 女性和商社 ……226

05 日本的产品之所以没品位,是因为没有「余暇」 ……236

CONTENTS

设计者的意见之三

请想象2200年的未来去做「设计」

与石井裕先生的对话 MIT媒体实验室副主任 ……251

01 设计这一古老的框框已经死了！ ……253

02 连接模拟与数字、现实与虚拟 ……262

03 上了年纪之后的「再启动」（Reboot） ……271

04 「出头力」「开路力」「造山力」 ……277

结语 ……289

本书基于《日经商业在线》的连载专栏
《川岛蓉子:"没品位的老板"会搞垮日本》修订出版

社长先生的意见之一

不要没品位的店
没品位的办公室
没品位的社长

与增田宗昭先生的对话
Culture Convenience Club 株式会社代表董事总裁

增田先生的教导

"洋气的经营"与"设计的价值"

日本的商业之所以停滞不前,难道不是因为商品和服务中欠缺"有型""美观"和"乐趣"吗?换言之,难道不是因为"设计"糟糕吗?

可是,面对这个问题,谁会有答案呢?脑海中首先浮现出的,是经营连锁商店茑屋(TSUTAYA)的CCC株式会社(Culture Convenience Club)的增田宗昭社长。他于2011年在代官山创办茑屋书店,于2013年创办武雄市图书馆,将普遍认为已经落后于时代的书店、图书馆等业态,一转成为领导时代潮流的"时尚"场所。

这样的增田先生,我想一定能给出答案,让日本的经营变得富有品位。

我拜访的办公室位于面向246国道与旧山手通交叉口的办公楼里,是陈列了许多艺术作品的端庄空间。

增田先生性格直爽,用关西口音笑着说:"川岛小姐,请随便问吧。"

于是我单刀直入:"设计,是经营者的工作吗?"

社长的设计论,敬请聆听。

01　正因为我什么图纸都不看，
　　　才有了代官山的茑屋书店

川岛：增田先生的代官山茑屋书店（2011年12月开业），真是非常时尚呢。

增田：谢谢（笑）。

川岛：就书店而言，"时尚""舒适"都是出人意料的理念。我总感觉日本企业对于"时尚"并不是很看重，觉得那反正只是外观而已。

增田："男人不看外表，要看内容"。

川岛：对，就是这个意思。但是我认为，正是这种大男子主义的想法，导致日本的产品和服务失去了时尚、美观以及乐趣。尽管现在销售的商品和服务，许多都很"时尚"。

增田：为什么日本的企业没品位？为什么日本的社长没品位？原因很简单。

川岛：请直截了当地告诉我，为什么？

增田：日本的社长，不管是自主经营者还是受聘的社长，基本上都是一根筋考虑公司、一根筋考虑工作。换句话说，他们都认为"公司=自己"。这样自然看不到最重要的东西：市场和

增田宗昭：1951年生。大阪府枚方市出身。
83年创立茑屋书店（现TSUTAYA枚方站前本店）。
85年创立Culture Convenience Club株式会社（CCC）。
2011年12月，东京代官山茑屋书店开业，成为面向成人的全新生活提案地。
身为创立TSUTAYA、T-Card等"文化基础"的企划公司经营者，不断奔忙。

顾客，于是就会误解公司与市场、公司与顾客的关系。

川岛：我都这么努力工作了，怎么可能弄错——结果就失去了客观的视角。

增田：没错，这种社长会受到万能感的束缚。什么都想自己决定，还会把自己的品位强推下去，连自家产品和服务怎样算是"时尚""精彩"，也想自己来判断。但这是大错特错的，社长的工作是"经营"，而营造"时尚"是设计部门的工作，社长做不来的。

交给别人就好

川岛：那要怎么做才对？

增田：交给别人就好。

川岛：哎，真的吗？

增田：你看，我就是这么做的。比如刚才提到的代官山茑屋书店，我完全没看过设计图，建成以后才第一次看。"哎哟，是这个样子啊。"很感动。

川岛：真的吗？！我以为增田先生一定向建筑师细致入微地解释了自己的趣味、对图纸给出各种建议、建筑工地也是常去……

增田：没有没有，完全没有。要是那么做的话，一定会变成毫无品位的书店。我完全没看图纸，也不管用了什么材料，更没说要什么颜色。因为你看，这些事情其实说白了就是用我的想法去过滤原本的设计。这是最糟糕的。

"选择"是我最重要的"工作"

川岛：您一直都是这么想的吗？

增田：其实在代官山开设茑屋书店以前，我就在轻井泽修建过自己的别墅，算是书店的预演。那时我也没看图纸，中途也从不插话，只有这样，才能让建筑师完成精彩的建筑。

川岛：增田先生是把建筑完完全全交给建筑师和设计师了？

增田：也不是。有一点我在反复强调：理念。

川岛：理念？

增田：理念。就拿别墅来说，为什么我想要别墅，想建别墅？再进一步说，别墅到底是什么？对于人们而言，别墅是怎样的存在？有了别墅，能做什么？每个周末，我都会像这样，和建筑师围绕"别墅的理念"展开讨论。

川岛：就是说，业主和经营者应该做的是确立"理念"，并将那种"理念"传达给实际上做设计、绘制图纸的专业人士，共享统一的价值观。

增田：嗯嗯。

川岛：所以，实际成型是交给专业的建筑师和设计师来完成的。但这种做法，需要增田先生全面信任设计师的专业能力、建筑师的专业能力才行吧？

增田：当然。所以，"挑选建筑师"是我最重要的"工作"。而画图纸，实际是那位建筑师的工作。如果失败，是选择那位建筑师的我选错了。既然选了，就要信任。半途插嘴，就不叫选择了。

川岛：正如"经营"一样啊。

增田：锤炼理念，选择可用的人，统一价值观，放手委任具体事务。"经营"就是这样。

川岛：创造"时尚"，等同于好好"经营"。

增田：所以，一个公司的产品和服务要是没品位，就是"经营"不好（笑）。

川岛：说起来，您是因为什么缘故想在代官山开设茑屋书店的呢?

增田：在代官山茑屋书后的对面，隔着旧山手通，以前就有一家"ASO"露天咖啡馆，你知道吧？我呢，平时想事情的时候、一个人做企划的时候，就会去那个咖啡馆的露台。那边"感觉"很好，有点像充电站，总会特别受激励。

花了两年时间说服地主

川岛："ASO"后面有古文，附近有绳文遗迹，又是俯瞰目黑川的高台边缘，早在几千年前，代官山就是"高级住宅区"呀。

增田：没错。代官山真是特别好的地方。这种"感觉极佳"的地方，非常容易激发创意。新的企划要挑战未知的领域 对吧？光靠埋头去想创意，基本上是想不出来的。好企划都是不经意间一回头，自然而然"唰"地一下跳出来的东西。身心都需要那种能够"唰"一下跳出来的环境。场景啊、感觉啊、气味啊，还有周围的氛围、信息，等等。

川岛：就是代官山的那个地方。

增田：我自己总是坐在"ASO"的露天咖啡座上写企划书，抬眼就能看到：铁皮围墙围起来的一大片空地，长了好多老高的树——就是现在书店所在的地方。然后我灵机一动。刚好我在六本木开了TSUTAYA TOKYO ROPPONGI，正在四处找地方，看看下一个概念店要开在哪里。我就想，哎呀，开在这里不错啊。于是就去打听地主，找他交涉，跟他说"请卖给我"。

川岛：然后呢？

增田：一开始直说"不卖"，还要轰我走。听说除我之外，已经有73家公司拜访过地主，想要买这块地。市中心的超一等土地，4000坪（1坪，合3.3057平方米）的空地面积，再没有这样的地方了。我花了两年时间，最后的最后，地主说，"真是拗不过你"，终于卖给我了。

川岛：您可真是执着。怎么说服他的？

增田：我只是不断解释我们要拿这块地做什么。我们公司设定的目标本来就是"世界一流的企划公司"。那么，要成为世界一流的企划公司，需要什么呢？我很早以前就在考虑这样的问题。一开始是1999年12月，在涩谷开设了SHIBUYA TSUTAYA，占据了忠犬八公前Q-Font大楼的二到六楼。

上：代官山茑屋书店 外观　　　　　　　　（图片提供：CCC 株式会社）
下：2 楼休息室 Anjin

品牌创造"场所"

川岛：完全颠覆了以前的TSUTAYA形象。

增田：以前的TSUTAYA形象，是"地铁站旁便租DVD的连锁店"。但TSUTAYA未来的目标不仅是这个，我们要做全日本第一的娱乐销售公司。不但卖DVD，也卖书，而且目前的CD销量全日本第一。这种"形象"要怎么传递给消费者呢？打广告？不，打广告不如开"门店"。这是我的想法。

川岛：用门店做广告？

增田：在涩谷的十字路口，有一家自己的门店，专门体现公司的理念，这比任何广告都有冲击力吧？无数顾客都会从眼前走过。我们可以展示自己不仅是销售娱乐，更是给生活做提案的公司。所以就有了2003年4月，与六本木之丘一同开业的TSUTAYA TOKYO ROPPONGI。然后再进一步说，CCC株式会社的目标是什么？是世界一流的企划公司。那接下来要在哪里建怎样的门店呢？这时候发现的就是代官山4000坪的树林，就是这样。

川岛：涩谷、六本木、代官山。增田先生为什么会对"场所"这么执着？

增田：说到底，场所、空间，都是创造品牌的要素。苹果公司如果没有"苹果专卖店"，而只是生产电脑、批发销售，我想也不可能成为今天这样的品牌。在这个意义上，与顾客直接接触的"苹果专卖店"，对于苹果公司的品牌战略非常重要。

反过来说，从计算机市场撤退的IBM也好、NEC也好，或者最近的日本家电厂商也好，都没有自己的专卖店。从品牌战略的层面来看，这是它们的弱点。

川岛：门店在品牌战略中的作用，还请您稍微再多解释解释。

增田：说到底，门店就是能够让企业和顾客共享的"空间"和"时间"。换句话说，门店能够直接给予顾客"品牌体验"。比如爱马仕。如果爱马仕只在商场里卖围巾会怎么样？绝对传达不了爱马仕这个品牌的世界观。

川岛：确实。

直接展示世界观

增田：爱马仕压倒性的品牌力，正是在于自己一手打造的门店、待客、品质、装修、分店战略。现在互联网很普及，谁都会上网。但是，最能向谷歌展现企业和品牌世界观、最能使顾客产生共鸣的，并不是网站。网站谁都能建，反正是虚拟的。

川岛："书"也是这样吗？

增田：嗯。今天在亚马逊买电子书的人确实在猛增，但是，不管亚马逊卖多少书，也没有占到日本全国书店销售总量的一半。卖"书"这件事，也可以开展品牌战略。换句话说，实体书店不是和网络一样去销售，而是要有自己的任务。我想在代官山做的事情，就是在当今这个网络普及到人人都能坐在家里买书的时代，创造一个"想走出家门去买书"的场所。

川岛：在代官山茑屋书店，我的确感受到了这一点。门店的体验非常出色。

增田：对吧（笑）。

川岛：确实是"特意"想去。

02 不"面向团块世代"，
　　TSUTAYA 就维持不下去

增田：差不多5年前，我曾经召集TSUTAYA加盟店的店主，一共三百多人，讨论"5年后TSUTAYA的顾客"。这是当时的资料（"咚"的一声，厚厚一摞文件），调查的是顾客的"量"和"质"。我的想法是，如果能够确定未来顾客的"量"和"质"，那就能找出下一步该做什么，所以搜集了这些资料。

川岛：结果如何？

增田：首先是"顾客的量在变化"，也就是人口动态。第二次世界大战之前，每年都会增加200万男女婴儿，人口的年龄分布是完美的金字塔形。越年轻，人口越多。所以到我们这种团块世代（专指日本在1947年到1949年之间出生的一代人）成年为止，都能维持金字塔形的人口年龄分布。从战场回来的父亲，与母亲做爱生下我们，婴儿潮。

川岛：对对对（笑）。还请继续。

1970年、1980年、1990年的三件大事

增田：战后最重要的大事之年有三个，1970年、1980年、1990年。首先，1970年是团块世代大学毕业、到大企业就职，成为日本高速成长的引擎之年。日本最后一波高速成长是团块世代促成的，换句话说，企业获得团块这个巨型引擎就是在1970年。不过这时候，团块世代的薪水还很低，只是劳动者，不是生活者，没有形成市场。年轻人文化开始萌芽，杂志等文化产业也在培育团块市场，但真正的市场还没形成。然后是1980年，团块世代从"劳动者"变成"生活者"。团块世代到了30岁，薪水也上升了，开始形成市场。"年轻人文化""年轻人市场"在这个时代一口气绽放。

川岛：TSUTAYA创业也是在这个时候吧？

增田：1983年。顺便说下，24小时便利店是在20世纪70年代后半期诞生的。当今日本零售业的平台基本上都是在80年代前后出现的。然后是1990年，团块世代到了40岁，成为高收入人群。当时也是泡沫时代，出现了大量的高额消费者，企业销售额直奔最大化。当然，录用人数也水涨船高，不过因为新人的薪水低，相对来说人件费还是最少的。销售额最大化、经费最小化，不仅市场泡沫，企业的资金流动构造也是泡沫……不过我说是这么说，总有种班门弄斧的感觉（笑）。没问题吧？

川岛：没问题（笑）。您说的是，团块世代既是顾客，又成长为高

额收入者；同时又有大量年轻劳动力涌入。企业获得这两方面的助力，销售额一路攀升，人件费不断削减。

增田： 是的。销售额最大化、经费最小化，那就是1990年的情况，日本走到了必将走到的地方。然而接下来，日本市场的成长到此结束。很多经营者还是口口声声地说，"销售额要比上一年提升"，就像认死理一样。太勉强了。不管怎么说，现在的人口年龄分布是倒金字塔形的，老人多，年轻人少。公司正在变成销售额最小化、经费最大化。

川岛： 那么日本该怎么做呢？

增田： 照这样下去就完了。人口不断减少是非常危险的。要问该怎么办才好，从道理上考虑，只有接受移民。

川岛： 移民？

增田： 移民。面对人口减少的情况，政府制定了少子高龄化（指由于出生率下降造成的儿童数量减少的现象）对策，积极鼓励生孩子，但现在才做这种事情，困难很大。现在生的孩子，需要20年以上，才能自己独立工作。这就是说，接下来的20年只会增加需要抚养的人口，而工作人口还在不断减少。目光盯着国内，想要提高国内的出生率，从政策上说，我觉得是荒谬的。必须从海外吸引20岁左右的人来日本移民，他们才是真正能够马上工作的人。可是，考虑现实情况，日本的移民政策也很困难。

川岛： 确实。

增田： 那么，作为企业该怎么办呢？答案就是"尤妮佳战略"。

效仿尤妮佳的战略

川岛：尤妮佳？生产纸尿裤的那个尤妮佳？

增田：对，就是生产纸尿裤的尤妮佳。按照一般的想法，少子高龄化最先侵蚀的商业之一应该就是纸尿裤吧。因为你看，每年婴儿的数量都在减少。市场一直在缩小，还能做下去吗？可实际上，今天的尤妮佳经营蒸蒸日上，利润率屡创历史新高。知道为什么吗？

川岛：为什么？

增田：因为高龄者的纸尿裤市场飞速增长。

川岛：明白了！就是说，要开拓高龄者市场。

增田：尤妮佳将市场从婴儿转到高龄者，很聪明的做法。所以我想，不妨效仿尤妮佳的战略试试看。之前的TSUTAYA一直以年轻人市场为主要对象，看我们的数据，一边是，日本20多岁的年轻人，大约六成都在光顾TSUTAYA；另一边是，50岁的两成，60岁的一成，到70岁只有5%会光顾。换句话说，我们完全没有开拓与自己同世代的50岁、60岁人群。但就像刚才说的，看到了人口动态，就应该以今后人数最多的团块世代为对象，这才是商业销售的道理。而且现在没有人开拓这块市场，也就是说，非常有潜力。

川岛：很有说服力的观点。

增田：团块世代有钱，也有时间，和以前的60岁不同。他们身体健康，年轻时就很会享受，比如说想再看一次以前的电影，想读更多的书，诸如此类。他们对娱乐的需求很大。我将这些50岁、60岁的人，不是叫团块世代，而是称为"银龄世代"（Premium Age）。所以自然而然就会考虑，能否建设某个地方，让这一世代的人喜欢、特意前来，就像新的"文化之林"一样呢？以前的TSUTAYA，不管店面装修还是商品线，归根结底都是面向20岁人的，50岁、60岁的人不会过来。结论就是，需要面向银龄世代的TSUYAYA。接下来的想法是，一定要真正建一家面向他们的门店，实际做个验证，看看到底会怎么样。

川岛： 这就是代官山的由来。

增田： 不过啊，说起来简单，实际上要建设面向银龄世代的门店，困难重重。

想要提供能够抬头看天的"时间"

川岛： 难在哪里？

增田： 首先，必须改变形象。TSUTAYA的形象是"年轻人的店"，对吧？如果不创造能够吸引五六十岁人回头的新形象，谁也不会来。其次，没有面向银龄世代的商品资源，因为之前很少有这个世代的顾客，手头没东西。

所以，代官山茑屋书店的任务，是面向银龄世代的"品牌形象"和"商品资源"。换句话说，要在这里追求"质"。团块世代的人对生活非常了解，因此对我们的提案能力要求很高，也就是说，必须要有能够说服他们的"风格"。

川岛：代官山茑屋书店的气氛、感觉很好，就在于这种"风格"。

增田：这里还有个挺好玩的故事。代官山茑屋书店面朝旧山手通，三栋建筑间有一条小巷穿过。这条花园小径，也有神社参拜道的意思。神社的"参拜道"，为参拜者形成了穿过鸟居走去本殿的时间，走在参拜道上的人，想象力会变得很活跃。因为那里只有道路，别的什么都没有。"什么都没有"这一点很重要。如果有了什么东西，人会被那东西吸引注意力，就不会思考了。而来拜访代官山茑屋书店的人，我希望他们享受行走的时间，想让他们思考，就像在参拜道上行走一样。所以代官山的花园小径上什么都没有，连招牌都没有。

川岛：很清爽。

增田：而且茑屋书店所在的代官山T-SITE只有两层，所以天空很开阔。来到这里，看到的只是什么都没有的参拜道，以及广阔的天空。换句话说，这就是"时间"。在这里漫步的时间，抬头看天的时间，都是非常美好的。我想提供这样的"时间"。不仅门店如此，办公室也是如此，想给员工"可以思考"的空间。

娱乐是人的灵魂

川岛：办公室也是如此？

增田：川岛小姐，您现在是在代官山往北大约10分钟的CCC新办公室，这里放了很多艺术品。

川岛：了不起，像是现代美术馆一样。

增田：看不明白吧？我也不明白。不过呢，我觉得这样不错。眼前是看不明白的空间，这样一来，会带给大家思考的契机。艺术品的价值不就在于此吗？促进人们思考。

川岛：现在的日本人不思考了吗？

增田：对。所以不管是顾客还是员工，相比推送信息，让他们"买这个""做这个"，不如让他们去思考该做什么。关于这一点，顾客和员工都一样。

茑屋书店所在的代官山T-SITE有着类似参拜道的小径。那本殿是什么呢？当然是放了书本、CD、DVD的茑屋书店，相当于神社中收纳灵魂的地方。书店是收纳电影、写真、音乐、小说的地方，不管拍电影也好、拍写真也好、作曲也好、写小说也好，不全都是"人之魂"吗？换句话说，和神社一样，我们店里收纳人之魂的制作品。代官山茑屋书店是这种地方，所以我认为很神圣。

川岛：您这番话说得很好呀。娱乐是人之魂。您是先做了这么缜密的思考，然后才开建的吗？

增田：不不不，现在说的都是在无意识之下完成的，就像是潜意识的产物那样。预测成功率、计算收益率，这些事情都没做，仅仅是带着任务埋头猛冲。改变世界不就是这样的吗？不过周围人都在提心吊胆吧，不知道我在干什么。

川岛："这小子太乱来了，真头疼。"（笑）

上：代官山蔦屋书店 花园小径入口
下：花园小径出口

增田：不过，代官山茑屋书店的那块地确实搁置太久了，总要让它恢复生机。

川岛：的确如此，代官山旧山手通沿线总感觉很沉静。随着茑屋书店的出现，这里再度回到了聚光灯下。对了，忘记问了，增田先生说过要做"世界一流的企划公司"，那么代官山茑屋书店在其中承担着什么样的职责呢？

增田：刚才是说，代官山茑屋书店放在面向银龄世代的位置。不过我个人还有一个目的，就是将这家店放在办公室的位置上。

用公司的钱建造我的办公室

川岛：哎，不仅是书店，还是办公室？

增田：办公室。考虑到东京和日本的未来，直接制造产品的功能会逐渐转移到海外去，那剩下的工作就是"企划"。企划会成为唯一的、最重要的工作。所以，我们必须成为"世界一流的企划公司"。

那么，这种"企划"该在哪里锤炼呢？就像刚才说的，我锤炼企划是在代官山的"ASO"，然后开发了眼前的"空地"，就是代官山茑屋书店。所以，从某个侧面来看，代官山茑屋书店就是作为企划人的我，定位的办公室。

川岛：原来是办公室！完全看不出办公室的样子。

增田：对我来说就是办公室。说极端点，是我花公司的钱造了一个我能想到的最好办公室。有绿荫，日照好，空间开阔，凉风习习，美味的咖啡，无数的书籍，天然素材的餐厅，文具，艺术品，精彩的人……没有这些，光靠我自己是不行的，完全做不出企划。

川岛：唔……能不能稍微具体点（笑）。

增田：好好好（笑）。首先，这里有书店，从早上七点开到夜里两点，放满了激发灵感、制作企划的资料，而且很安静，想讨论的时候可以去吧台。还有各种老杂志，可以随时验证过去的热点和时尚，还能寻找激发灵感的素材。另外，这里搜集了无数电影和音乐，到处都是桌子椅子，有电源插座，有星巴克，有文具，有便利店，有ATM，甚至还有餐厅，和人讨论到热切的地方可以一边吃一边聊。看，很理想的办公室吧？所以说，这里对做企划很有利。

川岛：确实，我在代官山茑屋书店看到许多工作的人。另外，来玩的、来买东西的人也很多，是正面意义上的"公私混同"的场所。

增田：手机这东西已经抹去了工作时间和游玩时间的界限。工作中给喜欢的女孩子发消息，和女生约会的时候记录工作的内容，这些都是公私混同的例子。其实人生已经是公私混同的状态了。

马上就想写下一份企划书

川岛：网络也是这样的。

增田：因为手机和网络，我们的人生延长了两倍。

川岛：增田先生，人生延长两倍、三倍，每天都很开心的样子啊。您没有头疼的事吗？不愉快的事呢？

增田：没有没有，完全没有。现在和川岛小姐您说话的时候，也有新的信息进来，可以验证我头脑中运行的项目，恨不得马上就写下一份企划书——现在一天写的企划书非常之多。

03 如今最糟糕的经营，
　　就是"追求效率"

增田：最近我在各种地方都提到，"越是追求效率，越实现不了效率"。

川岛：什么意思？

如今最欠缺的是"将需求科学化"

增田：以前东西很少。没有东西的时候，只要造出来就能卖。造多少卖多少；卖场多大就能卖掉多少。也就是说，依照需求和供给的平衡，需求一方的规模非常大。直到高速成长期结束都是这样。那时候，企业在思考什么？一开始就有需求、就有顾客，所以思考的是如何更有效率地制造、更有效率地销售。效率提高，利润率就会变高，就能挣更多的钱。

川岛：也就是说，效率和商业是直接挂钩的。

增田：但是，如今市场已经不同了，市场上充斥着各种东西。大家都有东西了，需求和供给的关系发生逆转，供给的规模变成了压倒性的。在这种"商品过剩"的状况下，不管如何追求效率，单靠效率绝对卖不出东西。

川岛：如果不是能让消费者"非常想要！"的东西，消费者是不会买的。

增田：可是至今还有很多日本企业，只考虑眼前的效率，一个劲儿地强化供给力。这种做法无法抓住顾客。我觉得，现在日本最欠缺的，不如说是"将需求科学化"，以及"提升需求力"。不促进需求，不增加需求的蛋糕，商业规模就无法扩大。

川岛：那怎么做才对呢？

增田：很简单，增加人口。这么说来，最根本的点就是大家都赶紧生孩子，重点是做爱。

川岛：怎么又说起这个了！

增田：嗯，哎，什么来着？哦，对了，说的是效率。

川岛：对啊，拜托了（笑）。

增田：不光厂家，像我们这样的流通渠道也是一样。大家全都在强化供给力，结果就是所有的店铺都在增加，顾客可以随意选择。可是，只要不能成为"被顾客选中的店"，销量就无法提高。这样一来，"效率"就毫无用处。"效率"是销量提高之后才应该考虑的问题，销量不提高，光顾着提高效率，只能低价拼杀，而那样的店，顾客是不会来的。

川岛：哎呀，犯这种错误的公司貌似有很多。

增田：所以说，光追求效率，并不能实现效率。现在就是这样的社会。然而大家还是会沿用过去的成功经验来经营，当然维持不下去。

川岛：增田先生自己是从什么时候开始产生这种想法的呢？

增田：从代官山开店的时候开始的。顾客去了那家店，我才开始明白。实际上，做之前还是非常担心的。那么大的地方，买下来怎么办呢？

川岛：那么，当时没想到会像现在这样成功吗？

增田：完全没想到（笑）。不过，我当时总觉得非做不可。

想要寻找书籍、CD、DVD的未来

川岛：为什么？

增田：我想寻找版权商业，也就是书籍、CD、DVD的未来。大家不是都说，书店没有未来，CD没有未来吗？全都变成网络销售，变成下载模式了。大家都这么说，但我不这么认为，所以想亲自证明看看，证明还有办法。索性不在闹市区开店，也不在地铁站旁边，特意选一个没人会开书店的地方去开，尝试吸引顾客过来。

川岛：不知道能不能成功的大型实验啊。

增田：和追求女孩子是一样的。追求女孩子的时候，不知道能不能成功。那为什么要追呢？不就是因为喜欢那个女生嘛。

川岛：一开始就有把握的工作反而没什么意思？

增田：也许看起来有意思，但实际做起来没意思。去追那种知道自己能追到的女孩子也是挺没意思的吧？一样的道理。代官山茑屋书店，说起来，就是赌自己这个社长、赌自己这个企划人。不知道能不能赌赢,但是,这家店的成功与否,关系到TSUTAYA的未来,所以想要以自己的设想去验证TSUTAYA的未来。

川岛:既是会让银龄世代专程前来的场所,也是增田先生想做自己办公室的场所,又是证明CCC是世界一流企划公司的场所。背负了许多责任而诞生的呀,代官山茑屋书店。

增田:我一直都没有那种"能赚钱才做"的想法。当然,因为是商业,从结果上说必须要能赚钱。但是,一开始就说"这个能赚钱"的话,太没意思了。公司不是都会说"提升销量、提升"吗?不是都想"抓住顾客、抓住"吗?这种事情,不做为好。

川岛:哎,可是,不抓住顾客,怎么做生意呢?

增田:培育顾客啊,就像婴儿一样,顾客和员工都是。

认为不得不行动的人就会行动

川岛:顾客和员工都来培育?

增田:对,培育。更准确地说,是创造。加盟店就是这样。TSUTAYA的加盟店现在有1400到1500家,其中成长最快的加盟店,实际上都是工薪族辞职之后经营的。

川岛:他们都是"育成"了。

增田:对!很开心的。单纯去找"好的合作方",或者说"去抓住合作方",规模是不会扩大的。最重要的是创造和培育,虽然很花时间和精力。

川岛：您是因为什么契机产生这种想法的呢？

增田：首先是辞职。我自己从一开始就职的"铃屋"辞职，成立了CCC。辞职之后完全没有任何资源了，一切都要从零开始。顾客也好、一起工作的伙伴也好，都只能培育，很费劲的。

川岛：代官山也是从零开始的，完全没有先例。而且就像一开始说的，增田先生故意不去看建筑师画的图纸。这些正是培育人才的表现。

增田：对，建筑师也在培育。前面说过，修建轻井泽别墅的时候，我和建筑师充分讨论了别墅对于人们来说究竟是什么。彻底讨论最根本的理念。代官山的时候也是这样。然后，就放手不管了。就是这样来培育。

川岛：放手不管，也是培育人才的一环呀。

增田：这话让我想起一件事。我自己有过很危险的时期。当年，著名的浜野安宏先生，就是提出东急Hands设想的那位，写过一本书，《数字城市——对涩谷Q-FRONT项目的思考》。就在浜野先生策划Q-FRONT，SHIBUYA TSUTAYA招租的时候，90年代末，那时候，我受到浜野先生的提醒，"增田先生，照现在这样下去，可就危险了。"

川岛：危险？什么意思？

增田：我也不明白，所以就问了浜野先生。

"什么意思？"

"照现在这样下去，迟早你会把公司的成长和自己的成长混为一谈。看看现在的你，非常危险。"

"哎，哪里危险？"

"TSUTAYA越是成功，门店就越会增加。但那只是公司的成功。即便增田先生是创业者，它与您个人也没有关系。然而人们很容易把自己创立的公司和自己混为一谈，特别是创业者。"

"这样不行吗？"

"不行。光顾着思考公司的成长，不顾及增田先生个人的成长，绝对不行。照这样下去，最终公司也会不行的。"

一旦将公司和自己混为一谈，经营者就会变得很没品位

川岛：唔，最开始说日本的公司没品位，和这个也有关系吧。一旦将公司和自己混为一谈，经营者就会变得很没品位。

增田：这是浜野先生的教诲哟，如果追根溯源的话。我受了这样的提点，才想到回头看自己——这么说来，我完全没考虑过自己的事情，光顾着考虑公司的事了。当然，工作时间必须工作，必须考虑公司的顾客。但是，下班之后需要考虑自己。所以要改，要重新找回下班后的自己。增田宗昭这个人是怎么生活的？必须找回这个答案。（不能以）动物的本能在行动。丢失自我是不行的，不找回自我是不行的。

川岛：那您是怎么做的呢？

增田：迷惘的时候，人会无意识地独自走进森林，所以我想到要在

轻井泽建别墅。

川岛：那么，轻井泽就是增田先生的"林中生活"呀，而且是放手交给建筑师去做。

增田：对，如同禅问一样彻底讨论了理念之后，就完全放手委任出去了。不放手做不出好东西。比方说，建筑师要把墙刷成紫色。刚发现这一点的时候，我完全无法接受。因为你看，按照通常的想法，哪有紫色的墙壁？但是我没说不行，就照他说的，把墙刷成紫色了。

川岛：然后呢？

增田：第一次住进别墅时，早晨醒来一看，我很吃惊。早上，阳光照进房间，我才看到，紫色的墙壁、地板的木质纹理、生活用品的配置，显得无比协调。我异常激动。啊，确实，这墙壁的颜色只能是紫色的。我终于明白过来，设计的人从一开始就知道这一点，但是我不等东西出来是不知道的。我没有那种光看图纸就能做出判断的洞察力。既然如此，只依靠图纸来确认，不就完蛋了吗……意思你懂吧？

川岛：很好的例子。

增田：从那之后，我就不再去检查设计师、建筑师等创意人士的现场工作了。所谓创造性，不正是凡人无法理解的世界吗？普通人需要实际成形才明白，因为需要诉诸五感。我们凡人不能创造，要看到创造出来的东西，才能明白是不是精彩。所以紫色墙壁好不好，不到建成，凡人是不知道的，建成之后，就知道它的精彩了。

川岛：原来如此。

增田：所以，所谓创作者，就是将灵魂寄托在紫色墙壁中的人。

人的创造性可以通过经验锻炼

川岛：创造性可以锻炼吗？

增田：人的创造性，有与生俱来的部分，比如洞察力之类。但是呢，也有能够通过经验锻炼的部分。

川岛：有与生俱来的创造性？

增田：我想是有的，就像起跑领先一样。不过，完全可以通过经验来提高创造力的水准。比如说，丰田汽车的"红"，我以前认为那是很乏味、很无趣的颜色。但是，丰田现在的"红"非常出色，不输于欧洲车。我想那是因为丰田积累了足够的经验。

川岛：增田先生自己的创造性如何？

增田：所谓创造性，我想最终不是创造"物品"，而是创造"价值"。就说建筑，不就是地板、墙壁、天花板吗？但是这些都是物品，不是价值。那么"价值"是怎样的呢？打个比方说，就像是光。

川岛：光？

增田：光。一片漆黑的时候，什么都看不见。只有等物体照到光线，反射出来，人才第一次产生"看"的行为。所以，只是用地板、墙壁、天花板来建房子，不能说具有创造性。如何展示建成的房子：照到光线的时候会是什么样子，会闪耀出怎样的光芒。要算到这种程度，才能说有创造性。刚才说的我那座别墅的"紫色墙壁"，就是这样。

川岛：确实如此。光线不同，看上去全不一样。

增田：从"看起来如何"的观点出发，景色、风景也和光线一样重要。景色会改变人们对物品的认知，所以要"开阔"。代官山T-SITE有4000坪，面积那么大，更需要创造性，因为会改变整个街区的景色。

川岛：现在您说了我才意识到，谈话的这间办公室（CCC总部），景色非常漂亮。从楼梯俯瞰，办公室的景色极有魅力。高层建筑的2楼正中间用楼梯打通了，这是怎么做到的？

将工作场所化为风景

增田：这是我硬要弄的。找房产商任性地磨了好久。这里本来是普通的办公楼，我们租了其中几层，但是很讨厌，非要一个个坐电梯才能上下来往，工作没了创造性。所以为了让员工能够自由自在地在各层之间来往，就修了巨大的螺旋楼梯。

川岛：真是够任性的（笑）。不过，办公室里的景色的确很漂亮。楼层开阔，没有墙壁，能直接看到工作的人。从螺旋楼梯走下去，就是富有魅力的办公空间，关键地点都放满了现代艺术品，感觉很适合进行创造性的工作。

增田：现代艺术真是很有趣，虽然我完全不懂。

川岛：难道说，这些不是你的指示？

增田：不是不是，都是员工照自己的喜好来的。但是很不错吧？

川岛：和代官山茑屋书店不看"图纸"建起来一样。

增田：这样做，才能培育员工的创造性。特意修建这个楼梯的理由之一，是"视线"：重要的终究是"人的视线"。在办公室里修建楼梯，意义在于从楼梯往上往下走的时候能够看到办公室。不管修建多少办公室，没有那个楼梯，就完全没意义。经过一道又一道安全门、上上下下乘电梯什么的，完全不行。有了那个楼梯，从上到下都可以眺望风景，很漂亮吧？工作场所也需要创造性。

04　让客户理解的"企划"都是垃圾

川岛：增田先生把办公室装修得非常漂亮，不过我想以一名顾客的身份提点意见，您请不要生气啊。代官山茑屋书店确实非常出色，但是反过来说，以前的TSUTAYA，感觉就不是那么漂亮了。

增田：哈哈哈，这样啊（笑）。大概是吧。不过，我们一直都非常重视设计。要不要看看最早的办公室照片？（问员工）帮我拿一下？看，最早的TSUTAYA连锁店，门店统一标准，设计也保持统一。此后30年，基本上都保持了最初的样子。

川岛：一直保持同样的店面结构。

也想对工作方式给出提案

增田：所以我们和时代一起变陈旧了。再深入一点说，随着TSUTAYA这个品牌逐渐变得知名，大家也有点翘尾巴了吧。"反正只要打出招牌，顾客自然就会上门。"啊，找到照片了。看，这是当时的办公室。虽然是30年前，办公室还是像咖啡馆一样吧。

川岛：太怀念了！后现代的时代。

增田：那里原本是阿西克思的仓库，我们做了翻新，在大饭江反地区。有通往2楼的螺旋楼梯，上面是办公区，通过照明的色彩营造出层次感。

川岛：那时候已经有连接两层楼的楼梯了，和现在这个办公室一样呀。

增田：是哟，因为本来就喜欢这种设计。一开始我们做的是咨询业务，想要将自身的工作风格、工作方式、工作场所，全都和其他土里土气的办公室区别出来，做出一些新颖的规划提案。结果就是这个。

川岛：但是后来放弃了？

增田：对。TSUTAYA加盟店不断扩张、规模越来越大，员工也越来越多，给人生和工作提供咨询的理念色彩就越来越淡了。

川岛：以前在惠比寿办公楼的工作场地很普通。

增田：就像是门店设计逐渐陈旧一样，不知不觉间办公室也变得土气起来。确实，要管理1000家店铺，还是普通的办公室更适合。但不在自己亲手策划的办公室，而是在乏味干枯的高层建筑中，坐在一个个小隔间里工作，连感性都被分割开来了，日渐麻木。

川岛：从这个意义上说，TSUTAYA就是停滞不前了。

增田：即使一开始有理想，但公司这种构造到底还是像社会性动物一样，躯体一旦变大，形状就会变化。形状变了，失去的东西就会很多。但因为最中间的核心部分、理想的部分没有变化，所以就会有些别扭的感觉。

武雄市图书馆也是员工的创意

川岛：增田先生也是这样。
增田：嗯。所以我想，不做就不会有改变，因此就开始行动，建造了代官山茑屋书店。办公室也迁到这里，改成创造性的空间。对了对了，还建了图书馆。2013年4月，我们成为佐贺县武雄市公立图书馆的指定管理者，负责从建筑到运营的全部工作。
川岛：当时也是大新闻。
增田：那也是我们员工决定的，我没有直接参与。他们的市长渡启祐先生很有趣，一个非常有创意的人。
川岛：不是增田先生的创意吗？
增田：完全不是。这件事是渡市长提出来的，然后通过员工的努力，建成了这么出色的图书馆。我只做到了不插嘴。
川岛：又是增田流。
增田：而且，收获非常大。刚才不是说，要把代官山茑屋书店建成银龄世代专程前来的基地吗？但是，那么大面积的店，除了东京，别处的商圈到底还是支撑不了。所以问题就是，地方上该怎么办？毕竟TSUTAYA是在全国铺开的连锁店。而这次建设图书馆的时候，找到了这个问题的答案。地方上的60

上：佐贺县武雄市图书馆 外观
下：武雄市图书馆内部 右侧是星巴克

岁老人都会去本地的图书馆，既然如此，就把图书馆变成他们喜欢去的场所。图书馆不仅借书，也是类似于知识据点一样的地方，这样不就成为地方上银龄世代的场所了吗？

川岛：不是瞄准了图书馆去的？

增田：不是。在我内心，总有现在必须去做、现在必须去改的想法，企划也一直在推进。有些事情是瞄准了去做、想好了去做的。但是，心中带着必须去做的想法，自然而然采取的行动，我觉得更会抓住核心。

川岛：这也是一种赌博吧。您没想过一旦失败，后果会很严重吗？您有过尝试之后一败涂地的经验吗？

增田：全都是一败涂地的经验。以前做过的直播电视也破产了（笑）。但成功和失败都是结果，而我终究算是以人为本的吧，领导也好、员工也好，每个人都快乐开心，我觉得这是最重要的。

川岛：要让每个员工都快乐是很难的。能做到吗？

增田：挑战这个目标是经营者的工作。也许做不到，但要带着使命感去做。这种事情最腐蚀斗志：大家都说不可能啊，不行啊，增田社长异想天开啊。但不管怎么想，都要去做。如果有了突破口，就能开辟新世界、新市场。

录像租赁店？是世界一流的企划公司

增田：许多人觉得TSUTAYA是录像租赁店，而我自己一直都叫它是

"世界一流的企划公司"。那么，企划是什么？所谓企划，本来就在人的理解领域之外。（一边画图一边说）这是客户理解的领域，这是企划的领域。企划是超越客户理解领域的东西。

川岛：原来如此。

增田：贩卖超越客户理解领域的新"企划"，这就是我们企划公司的工作。但是很显然，这样的企划卖不出去。因为客户不理解，因为超越了客户理解的领域，结果就是各种挑剔，什么时期尚早啊、没有先例啊，诸如此类。企划大抵都是这样。

川岛：那怎么才能卖出去？

增田：首先要自己做出来、可视化。TSUTAYA的企划，都是自己先做出来让客户看。再有就是，唔……哄骗。为了把客户带进理解的领域，需要去哄去骗。

川岛：哄骗！怎么哄骗？

增田：就跟客户说"能赚钱"。比如说我过去做的，像20世纪90年代对客户说"信息流通革命"，还有说"做人生规划"，你也不知道我在说什么吧？所以客户都是丢下一句"你在说什么啊？"，就结束了。但是如果说"投资一个亿能赚三千万"，对方就会"哦！"当然，胡说是不行的，而是真觉得这个能赚钱。因为仅仅把企划的理念放出来，一开始客户总是无法理解，所以要先从"赚钱"开始说起。

川岛："企划"在理解领域之外，但"赚钱"在理解领域之内。

增田：对，把领域外的东西替换成领域内的东西，偷梁换柱。对客户的时候会这样，对员工的时候也会这样，总之一开始就是连哄带骗。这样一来，做的人慢慢就会积累经验值，逐渐能够包容自身领域之外的"企划"。到这时候，"企划"才成为那个人自己的东西。然后才开始告诉他说，他所做的事情正是"信息流通革命"的一环，或者他正在做"人生规划"。这时候就能接受了。

川岛：哄骗也好、什么也好，总之如果不去实践，就无法跨出自己理解领域的圆圈？

增田：跨不出去。这个圆圈，既是理解的领域，也是能力的领域。自己行动起来，积累经验值，才能扩展能力，也才能理解。这才是成长。个人也好、公司也好，都是这样成长起来的。也就是说，如果不从自己理解领域的外侧、从高于自己能力的地方开始，就无法成长。所以，为了公司的成长，必须进行"企划"。因为只有通过超越能力界限的工作，人才能获得成长。当然，做能力领域之外的事情，虽有可能成功，但失败的可能性更要大得多。

没有哪个孩子是在能走路之后才开始走路的

川岛：那您对部下是怎么说的呢？

增田：我就是逼着他们"去做"。也许会失败，但只有通过去做才能成长。所谓成长，不去挑战做不到的事情，终究是不行的。

川岛：相当大胆的工作方式啊。

增田：有句话我经常挂在嘴边：没有哪个孩子是在能走路之后才开始走路的，没有人先学会了骑自行车才去骑车。

川岛：确实如此。可这样让员工做企划、去挑战，那失败的时候，增田先生会怎么处理？发火吗？

增田：绝对不发火。我很不认可那种不肯去做的人，但是对那种不管不顾先做起来的人很尊重。当然，有时候情况比较重要，失败了说不定会导致公司破产，就必须盯紧一点。但本质上还是去做那些做不到的事。可还是有人说什么"我没做过""我做不到"，过去也有，现在也有。

川岛：如果员工这么说，你会训斥吗？

增田：不会训斥。已经气过头了。

05 为什么说经营中最重要的是"设计"？

川岛：增田先生从小就是不断挑战的孩子吗？

增田：高中时代我练过摔跤。要问为什么练摔跤，是因为小时候我有随身女佣。就是这个原因。

川岛：女佣！超级富二代啊。

增田：是是，富二代。有姐姐，也有妹妹。母亲是教育妈妈，彻底的女系家庭，所以我和女性的交流非常顺畅。以前是，现在也是。我小时候不管说话方式、举止行为，都很像女生。然后差不多到了初中的时候，通常都会自我觉醒，对吧？是叫自我的觉醒吧？那时候意识到自己的说话举止都像女生。不仅我自己，周围人也发现了。然后就有人欺负我。我是那种受人欺负的孩子，觉得人生很灰暗，简直想要放弃人生。

川岛：这样啊，令人意外。

增田：上高中的时候，我觉得这样子没有未来。于是为了强身健体，我下定决心，加入摔跤部。摔跤部只接纳身体强壮的人，像我这样体质虚弱的人，通常进不了。不过……

川岛：您去挑战了。

增田：对。我凭意志加入了摔跤部，每天进行特训。早上晨练，中午练拳击，晚上举重。每天坚持，身体自然会变强壮，比欺负我的人还强壮。你看，就连想过去死的我，通过努力也可以活下来。意志可以带来突破。

经营就是设计

川岛：您对设计发生兴趣，是什么时候的事？从小就喜欢精致的东西吗？

增田：怎么说呢，高中的时候我玩过乐团，唔……类似民谣摇滚那样的。担任侧边吉他手和侧边和声。

川岛：够帅气的啊。

增田：有点吧（笑）。四个人组的乐队。我负责服装设计，牛仔裤也是自己加工，用拆开的皮包做的。我们打算出道，还去试了音，记得是帝蓄唱片。然后只有右边第二个被选中，乐队也解散了。这位被选中的，出道曲目是《不知道战争的孩子们》。没被选中的我深受打击，在大学保留学籍，去了西式裁剪学校，名叫上田安子服饰学院。

川岛：同时上大学和西式裁剪学校吗？双校生。

增田：对。后来裁剪学校和大学的毕业重叠，就在想自己该怎么办，是不是进入服装的世界呢？正好这时候出现了高田贤三和三宅一生，我觉得超不过他们（笑）。做不到第一的事情就不做了。不过我也不想做个工薪族，于是考虑去服装业的世界修行，然后就去了铃屋。

川岛：如果用增田先生您的方式来定义设计这个词，会是什么呢？

增田：价值观，以及风格。风格不是从价值观产生的吗？我希望以平等的关系来开展工作，所以即便在公司里，我一直都在说，不用一个个找我来确认，自己负责就行，默默地自己做掉也行。已经是这样的时代了，还要保留禀议制度一样的东西，很蠢的。就算是我这个社长说的又怎么样呢？如果把我现在的价值观用工作风格来表现的话，CCC连社长室都没有。我的服装很随意，办公室也是平面的开放式。因为这种事情光靠嘴上说是没用的，要做设计，变成形象，像这样子变成具体的办公室形象，才能改变人的行动。市场也是如此，所以我建了代官山茑屋书店。

川岛：那就是"风格"呀。

增田：所谓设计，本来就应该是从每个人的风格、价值观产生出来的东西。反过来说，如果不是个人风格与价值观的可视化，那就不是设计。仅仅漂亮、仅仅出色，是不行的。进一步说，设计也是顾客价值。即使对一家店铺来说，LOGO、用具、照明，一切都是设计，进而也都是顾客价值。换句话说，设计就是一切。

川岛：那么，对于经营来说，设计是必须的？

增田：不仅必须，经营就是设计本身。公司的价值就在于设计。

川岛：但是，一般的经营者们都说自己不是很懂设计什么的。

增田：设计不是可有可无的东西。可以说企业必须从设计中寻找价值，所以设计师的工作非常非常重要。反过来我想问问川岛小姐，有在公司工作的设计师，也有自由职业的设计师，你觉得哪种更好？

川岛：在公司工作的设计师，有各种束手束脚的地方。要说理想的话，我觉得最好是经营者身边能有优秀的自由设计师，就像是智囊那样。

增田：我啊，一直在想，能不能搞个类似设计师平台一样的东西。

川岛：设计师平台？

增田：我为什么要成立"企划公司"呢？首先，作为商品，它自然有其价值。但是，在商品过剩的时代，风格也应该有其价值——商品的附加价值。那么，那种附加价值、风格的价值，该怎么附加上去呢？这就是"企划"。顾客也追求这样的"企划"。实际上，企业的销售额，已经不仅是商品本身的价值了。它正在和附加价值的品质高低成正比。反过来说，没有附加价值的话，业绩就无法提升。

川岛：是啊。

增田：这就是说，企业的销售额与利润，来自于创造附加价值的人，也就是思考"企划"、加以实行的人。既然如此，不是应该给做"企划"的人分红吗？然而今天的情况是，在公司工作的设计师，只是领工资而已。不管做出多精彩的"企划"，不管给公司的销售额带来多大提升，都是如此。不过，在公司内部能够得到各种信息，工作起来会比较顺手。另一种情况是，自由设计师可以通过各种形式获得分红。比如有时候以版税之类的方式得到利益。但因为是公司外部的人，不会得到公司内的有用信息——毕竟是外包人员，也就是接任务的。这就是说，不管是公司内的设计师，还是自由设计师，都没有能够产生最佳企划的环境。

CCC建造面向设计师的平台

川岛：那该怎么办呢？

增田：所以我想，公司应该成为设计师的平台。比如说，如果有优秀的设计师，不管他是公司员工还是自由职业者，作为独立的专业人士，都应该有相应的基础建设，能让他获得工作和信息。如果最终能够产生出绝妙的企划，自然会有益于公司的销售额和利润。虽然大概又有人会说我异想天开，但我现在怀着使命感想要做的，就是建设面向设计师的平台。

川岛：如果这个想法得以实现，日本那些缺乏品位的商业，我想也会变得有趣起来。请您务必努力。

掌握编辑权的不是公司，而是顾客

增田：另外呢，现在是顾客掌握编辑权的时代。

川岛：顾客掌握编辑权？

增田：比如服装，以前只要穿一身阿玛尼就觉得很有品位，现在可不是那样了。现在是顾客自己尝试各种服装搭配的时代,对吧?

川岛：确实可以这么说。日本人能将LV和优衣库完美组合在一起,这些搭配连海外都很关注。不仅是服装界,其他领域也有由顾客来"编辑"的案例。

增田：时代告诉我们,编辑权正在从企业转移到顾客手中。比如说以前在杂志这种有限的空间里,都由专业编辑来编辑内容。但是,很多读者对那样的信息提示已经疲劳了,他们更愿意自己检索信息,去读按照自己的喜好编辑好的内容。网络之所以兴盛,就是这个原因。

川岛：是啊。我想,正因如此,创作方、发送方都要求具备"编辑力"。代官山茑屋书店的店面陈设,也是由各地聚集来的专业人士兴致勃勃地编辑出来、受到顾客喜爱的。

增田：有两个方面。一个是由于商品过剩和网络进化,编辑权转移到了顾客手里。自己编辑的行为有它的意义。另一个是推荐。通过SNS的C2C形式,以类似"这个很有趣"的方式进行推荐。这里要求的不是企业的推荐、过时的推荐,而是"绝妙的推荐""精彩的推荐"。这就是书店的专业人士给代官山茑屋书店的店面陈设所做的事情。我们处在时代的大转换期,刚好和公司三十周年的大日子重合。作为大的潮流,编辑权正转移向消费者。正因如此,供给一方需要以真正的专业来让顾客感到惊异,"设计"出精彩的空间、时间。不这样加以"编辑",就没有存在的价值。

川岛：这个转换期会持续多久呢?

增田：刚刚开始。今后还会不断加速的吧。

川岛：被这股潮流超越的地方会变成什么样子呢?

增田：大概坚持不下去吧。但是，掌握决定权的，不是经营者，而是顾客，顾客很清楚要不要买。正因如此，努力者必定有回报。可以说现在是很好的时代呀。

(摄影：大槻纯一)

增田先生传授的五个要点

1	设计是经营者的工作。但具体做设计是专业人士的工作。"委托谁、怎样委托",决定了设计的成败。
2	品牌就是创造"场所"。为了传达CCC的意图,必须创建具体的"场所(店铺或图书馆等)",让顾客亲身体会。
3	CCC"要成为世界一流的企划公司"。为此,深入思考公司的理念。至今也在亲自写企划书。每天写许多份。
4	"只顾追求效率"是很糟糕的经营。不要仅考虑眼前的效率、"强化供给",重要的是把握未来的市场变化,"提升、唤醒需求"。
5	设计不能只考虑"精彩""漂亮"。对于一家店铺来说,LOGO、器具、灯光,一切都是设计。换言之,设计就是顾客寻求的一切价值。

设计者的意见之一

不创建"品牌"便无法由全世界汇集顾客、人气和财富

与佐藤可士和先生的对话
艺术总监、创意总监

可士和先生的教导

日本企业"品牌建设"的精髓

日本企业很不擅长品牌战略。

对于公司的优势和魅力,不用说直接的顾客,就连投资方、员工、往来公司、求职者、社会和一切利益相关者,都不擅长带着全部的热情去阐述。

于是,在此登场的便是佐藤可士和先生。

最先询问的,是可士和先生从博报堂辞职,创立"SAMURAI"的时期。根根直竖的发型,明快干脆的话语,确实令人感到"武士"的姿态。"做类似工作的人很少",这句略带寂寞的话语,也令人难忘。

随后可士和先生慢慢聚集了人气。可以说,"企业的品牌战略就是佐藤可士和"。给人的感觉似乎是"轻松成为品牌战略的救世主"。真实情况如何呢?

可士和先生的回答是:"要构建品牌战略,首先请准备三年时间。"

此话怎讲?

01　单靠洋洋和马马,无法与世界战斗

川岛: 不仅日本,全世界都有巨大的潮流,要将"设计"定位于企业经营的中心。不要说苹果和谷歌,连韩国的三星和LG都将设计作为卖点,开展品牌战略,扩大世界市场。

佐藤: 是的。

川岛: 日本企业原本是有设计能力的,但一直没有出现将设计置于经营中心的公司。为什么大多数日本的经营者没有意识到设计的价值呢?

佐藤: 您是说,我不是经营者吗?不不,您的意思是指"SAMURAI株式会社社长"这个层面的经营者吗?(笑)

川岛: 不仅是说经营者的问题,也想谈谈创作者,和品牌塑造、设计方法相关的创作者。我的意思是,如果能够创造出品牌,把两者联系在一起,日本企业会变得更强。可士和先生与经营者一方有紧密联系,也是参与了多个品牌塑造的创作者,所以我非常想听听您的想法。

佐藤: 谢谢。

佐藤可士和：1965年生于东京都。1989年毕业于多摩美术大学平面设计专业。曾在博报堂工作，后于2000年创立"SAMURAI（侍）"。
主要参与的工作有：国立新美术馆象征标识设计与标识规划；优衣库、乐天集团的全球化战略创意总监；711Japan、今治毛巾的品牌推广项目；"开杯乐纪念馆"的创作总监等。荣获东京ADC奖、每日设计奖等多项大奖。应庆义塾大学特别招聘教授、多摩美术大学客座教授。著有《佐藤可士和的超整理术》（日本经济新闻出版社）等。

与世界战斗。即使业绩不错,也要实施品牌战略

川岛：今天想请教的,首先是可士和先生如何看待经营和设计的关系。因为您在许多企业都工作过,最新的工作是生产农业机械的洋马吧？听说您正在参与洋马的品牌构建项目,这个项目是如何开始的呢？

佐藤：洋马在2012年迎来了创业100周年。以此为契机,公司展望下一个100年,想要再上个台阶。但是要再上个台阶,首先该从哪里入手呢……于是洋马公司就来找我商谈。

川岛：希望可士和先生描绘下一个100年的图景。这不正是品牌重建的大任务吗？

佐藤：其实洋马的业绩并不差。他们的国内外市场都一直持续稳定增长,又拥有足以自豪的高超技术,只不过之前基本上都没有从培育"洋马"这一品牌的视角展开企业活动。展望下一个100年,对公司内部,也是对市场,洋马希望展示出面对这一方向的视点。川岛小姐,您听到洋马这个名字,会想到什么呢？

川岛：唔……"洋洋马马"天气预报。然后还有,农业机械？拖拉机什么的……

佐藤：对吧？我也是这样。但要再上一个台阶,要在全球市场推广品牌战略,单靠洋洋马马、农业机械,诸如此类的形象,远远不够。实际上洋马远不止洋洋和马马。比如说,他们拥有世界上最先进的船只引擎开发能力。洋马自己认为,差不多也该着手向世界推行品牌战略了，所以想要借助外部创作者的智慧。这是社长自己做的决断，然后找到了我。

川岛：听说委托了可士和先生，我非常惊讶。以前洋马给人的印象，从来没和设计联系在一起。社长一定有着明确的意图吧，那是什么类型的社长呢？

佐藤：山冈健人先生是自主经营的社长，很沉稳的绅士。也是因为自主经营的关系吧，对洋马这家企业，有着非常强烈的感情。公司内部一直都在进行各种改革，不过那些改革并没有展现出"外部"可以看到的形态。

川岛：原来如此，所以这里就需要"设计"了。

佐藤：没错。通过设计和创造之力，更新洋马的企业形象。这需要与外部的创作者组成团队，所以社长做出了这样的判断。

"想将洋马打造成高端品牌"

川岛：那就是"洋马高端品牌项目"吧。这是可士和先生起的名字？

佐藤：不不，是社长亲自起的，希望"将洋马打造成高端品牌"。洋马是全球化企业，在世界各地拥有大量员工。顾客也从海洋领域到农机、建机，范围很广。要向那些人广泛宣传，歌颂"洋马高端品牌战略"。

川岛：将洋马打造成高端品牌！真是直来直去的说法。

佐藤：是的，创立品牌的目标必须简单明了。

川岛：我明白，我明白。有些企业在重新构建品牌时，用力过猛，摆出一大堆高深艰巨的理念，制作厚厚的品牌手册。在消费者看来，完全搞不明白企业想要改变什么。这种情况很多。

佐藤：是的。

川岛：可士和先生在推行企业的品牌战略时，具体是从哪里着手呢？

佐藤：首先，了解这家企业的根源。洋马是从农业机械生产起家的公司，将人工劳作非常辛苦的农业通过机械化变得轻松。"让农民变轻松"，这是创业者山冈孙吉的想法。而且洋马是技术先进型企业。1933年，他们在全世界首次成功实现柴油机引擎的小型实用化。洋马这个名字也很好，取自日本人很熟悉的丰收象征，蜻蜓之王鬼蜻蜓（学名巨圆臀大蜓，原产日本）。

川岛：农业机械类的公司。对，洋马一贯都是这样的形象。

佐藤：洋马创业以来，一直坚持以最尖端的技术让人们的工作变得轻松快乐，让生活变得丰富多彩，真正继承了日本制造企业的DNA。所以，在推行品牌战略的时候，我认为应该集中在这一点上。

川岛：是啊。不过，让农业变轻松这样的形象已经深入人心了，为什么还要大费周章重新构建品牌呢？

佐藤：事实上，洋马在日本和亚洲的企业形象，与在欧美的企业形象完全不同。

川岛：什么意思？

佐藤：洋马是在很久以前就向全世界扩展的全球化企业，但在日本和亚洲，绝大多数人都将之视为生产农业机械的公司，就像"洋洋和马马"那样。可是在欧美，洋马是奢侈品的形象。

在海外，洋马是奢侈品牌

川岛：洋马是奢侈品？

佐藤：是的。在欧美，洋马的主力事业是销售船舶发动机，来源于农业机械中磨炼出的发动机技术。欧美的游艇和快艇市场非常巨大，洋马作为高级船舶的发动机厂商，获得了非常高的评价。拥有私人船只的通常都是所谓上流阶级，所以洋马必然也有了奢侈品的形象。

川岛：这我真不知道。换句话说，洋马在日本和亚洲，是农机具、拖拉机的形象，而在欧美，则是停泊在摩洛哥的高级游艇的发动机形象。真是天壤之别。

佐藤：是的。在农机具和船舶发动机世界都以优秀企业知名的洋马，在不同国家，品牌形象差异巨大。如您所知，全球化趋势正在日益推进。不仅是商业实态，企业形象也希望能在全球加以统一。那该怎么办，这就是洋马面临的课题。这样解释，您就明白了吧？

川岛：啊，原来如此，我终于明白洋马委托可士和先生的原因了。由于在不同区域具有不同的形象，所以要在不破坏这些形象的同时，将其加以统一，是这个意思吧？但是，一方是农机具，另一方是高级船舶的发动机，要将之统一到一个品牌之下，很困难吧？

佐藤：很困难（笑）。正因如此，"答案"要很简单才行。换言之，以"设计"的力量，将凝聚了洋马这家企业本质的形象，明确传达给消费者和社会。农机具和船舶发动机之类的商品都是媒介。

川岛：那么，下一步呢？

佐藤：首先，重新设计象征品牌的标识，开发VI（Visual Identity）。就是这个。

川岛：简洁的设计，正像可士和先生的风格。它代表了怎样的含义呢？

佐藤：正如刚才所说，洋马这个名字，是从象征丰收的蜻蜓之王鬼蜻蜓而来的。所以，在强大的鬼蜻蜓的翅膀形象上，加上洋马的首字母Y，用企业品牌色彩——代表革新与制造热情的红色来表现。

川岛：这个标记会出现在洋马的各种产品上吧。接下来做什么呢？

佐藤：开发能够体现洋马新视点与世界顶尖技术能力的商品。今后，洋马的商品设计，将由曾在宾尼法利纳任职，设计了法拉利、玛莎拉蒂的奥山清行先生亲自负责。

杰出的设计师为拖拉机和网站做设计

川岛：奥山先生来做拖拉机的设计？

上：在海外，以高级船舶发动机供应商而广受赞誉的 ORACLE TEAM USA
下：新标识基于企业品牌色红色，在鬼蜻蜓的翅膀形象上，加上洋马的首字母 Y

佐藤：是的。这是奥山先生最初设计的原型拖拉机（图片见六二页）。

川岛：哇，这么帅！像超级跑车一样的拖拉机！

佐藤：帅吧。到底是世界级的奥山先生。不仅帅，还展示了农业的新形态，比如搭载无人驾驶的追踪系统等。还有面向农业的网站设计，拜托了三宅一生品牌的设计，泷泽直己先生。这是泷泽先生设计的网站（图片见六二页）。

川岛：这也很帅。和"洋洋马马"的形象完全不同。

佐藤：首先设计品牌的理念、VI，同时开发将这理念具象化的项目、更新LOGO和产品设计。从消费者和市场的角度看，基于设计的品牌形象再构建，是最简单、最强大的讯息传递方式，也是以设计为轴心的最强沟通战略。

川岛："Technology x Service x Hospitality"是与VI同时提出的关键词。这是什么意思？

佐藤：首先，Technology表示培育了100年的世界最尖端技术能力。虽然前面已经说过，不过洋马创业以来的"卖点"就是压倒性的技术能力。具有最强大技术能力的公司，强势提出这一点。之后，Service是要体现360°全方位的服务。至于Hospitality，是想传达这样的讯息：创造性的企业，能抢在顾客自身尚未意识到之前，瞄准顾客真正的需求。所以这里的关键词表达的是，深入这三点并加以融合，推出满足市场诉求的商品和服务。"提供超越顾客想象的解决方案，产生比顾客的需求更高一步的满足，成为世上独一无二的存在"，这不正是洋马所追求的高端品牌形象吗？

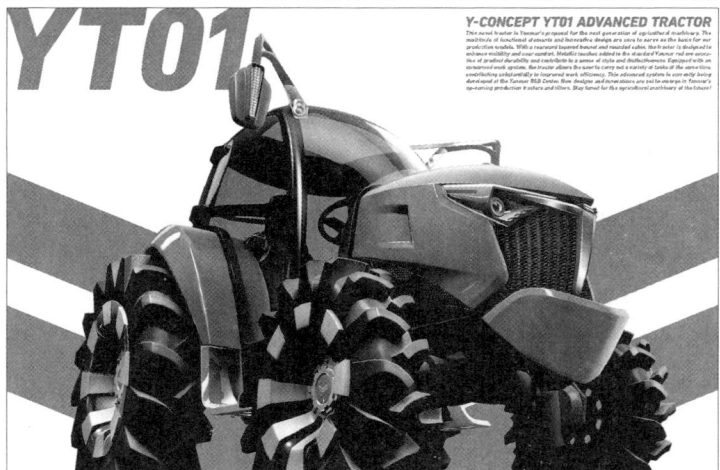

上：农业网站由泷泽直己先生设计
下：奥山清行先生在洋马最先设计的概念拖拉机

川岛：太厉害了，可士和先生！就像是洋马的"内部人士"一样侃侃而谈。

佐藤：这是当然。所谓品牌战略，并不是做我佐藤可士和想做的事。主人公是客户，在这个案例中就是洋马。我只是在引出客户洋马想做的事，加以整理。我认为，这是企业品牌战略应该具有的姿态。

川岛：将客户企业真正想做的事情顺利引导出来。有时也会遇到客户企业对自己想做的事并不是很清楚的情况吗？

佐藤：这样的企业应该有吧。只不过，会来找我的企业，既然来了，多少也会想要做些什么，否则也不会来找我。

川岛：啊，原来如此！

佐藤：在这个意义上，我的工作和"医生"类似。

品牌的再构建不仅是"恢复原状"，而且要"更好"

川岛：医生？

佐藤：嗯。打个比方说，有时候会觉得身体不太舒服。也许是感冒、流感，或者可能是严重的疾病，总之原因不太清楚，也可能仅仅是吃多了，或者喝醉了没醒酒等。但身体不舒服这一点是确定的。正是这样的时候，就需要医生出场，首先找出身体为什么不舒服，诊断出具体是哪里的问题。然后开具处方，给出适当的治疗或药物：是下决心做手术，还是慢慢用药物治疗，或者睡半天就会好？诸如此类，给出适当的建议。可以说企业和我的关系也是这样，像患者和医生一样。

川岛：确实！去看医生的时候，基本上都是"身体不舒服，但不知道原因"。来拜访可士和先生的企业，对于自己"身体不舒服"的事情有着明确的认知，但不清楚"该怎么治疗"，所以需要可士和医生出具处方。企业品牌的再构建，与医生的工作相似，这种说法让我很惊讶。只是，我还有一个疑问……

佐藤：什么疑问？

川岛：医生治病的时候，是将身体"恢复原状"。而品牌再构建的时候，是要从"恢复原状"更进一步，变得"比以前更好"。

佐藤：嗯嗯。所以，我工作的方式虽然类似"医生"，实际上做的事，却不仅限于治疗，而是要更深入地进入创造性的领域。换言之，积极地引导出企业的可能性，是我主要的工作。

川岛：具体怎么做呢？

佐藤：接到企业品牌再构建的委托，我首先与经营层、项目关键人，针对该企业的"可能性"和"潜在能力"，从各个角度进行谈话。在此之上，指出"贵公司的这一部分，今后具有极大的可能性"。不过在这个阶段，我始终是以彻底的"业余人士""一无所知的顾客"的身份来提意见。

川岛：为什么？

佐藤：因为不这么做，就会被该企业的"内部逻辑"俘虏，无法跳出该企业已然存在的"框"。在这个阶段进入"内部"是不行的。比如说，有一个目前看起来规模很小的开拓性事业，按照企业的内部逻辑来看，执行起来并没什么意思。但我就会指出："这项事业虽然现在规模很小，但社会的潜在需求很大。如果能进一步展开，我想社会上的人都会乐于接受。"

川岛：啊，这样的说法，在公司内部是提不出来的吧。大公司里经常会有择除新芽的情况。换句话说，可士和先生既是该企业的当事人，同时也是彻底的外部顾客，您同时承担了这两个似乎相互矛盾的任务啊。

倾听比别出心裁更重要

佐藤：是的。这个真的很难。正如刚刚川岛小姐指出的，我始终非常重视那种平衡感，就是一半作为客户方的人，一半作为外部的人。在保持客观的同时，又以内部当事人的身份参与事业。一方面是顾客，另一方面是员工。这是在加入企业的品牌战略时，我所采取的立场。

川岛：但是，以可士和先生的知名程度，很多时候都会被客户视为"老师"吧？如果做出提案，经营层就会赞叹说"真不愧是可士和先生！"部下也纷纷附和，有这种感觉吗？

佐藤：没有没有！

川岛：哎，没有吗？

佐藤：没有（笑）。基本上呢，我不会做出斩钉截铁的提案，说什么"我觉得这样很好！"……啊，不过，在独立出来创立SAMURAI的时候，可能稍微有点那样的情况吧。因为肩上有担子（笑）。但是，现在完全没有。

川岛：为什么呢？"哐"的一声扔出来，"这个怎么样？"——这样子很帅啊。

佐藤：以前在广告比赛中，也做过那样的提案。不管怎么说，那是自己处在受客户"挑选"的地位。但是，品牌再构建的工作，正如刚才所说的，我有一半需要进入客户里面。所以，我首先倾听客户，捕捉他们的心声，然后设计出基础性的提案，与公司内部的人员一起讨论，构建新的品牌、思考新的设计。比起充满别出心裁的大胆提案，这样的流程更为重要。所以，"哐"的一声扔出来，"这个怎么样？"——这种事情已经不再做了。

川岛：站在员工的角度看，外面空降来的可士和先生单方面压下来的战略，参加意愿也不会太高吧。不如将员工一起带进来创建品牌，更能提升公司的向心力，最终锤炼出强大的品牌和设计。

佐藤：没错。如果不能得到员工支持，品牌的再构建、设计的再构建，绝对是行不通的。

02　意识到仅靠广告宣传已经不行的瞬间

川岛：可士和先生原本是在博报堂担任艺术指导,现在的工作则是超越设计广告和宣传的范畴,变成了负责企业的品牌战略和产品设计。为什么从广告转向商品设计和经营战略了呢?

佐藤：其实呢,您说的顺序反了。我不是在做广告的过程中参与企业的品牌塑造,而是因为更想做品牌塑造的工作,才从广告代理店辞职,创立了SAMURAI。

川岛：啊,这样啊!

1998年,广告的效果消失了

佐藤：直到今天我还清楚地记得,那是1998年的事。那一年,我清楚地意识到,"啊,媒体广告不再像以前那样有效了。"

川岛：1998年,Windows95才刚刚销售3年,那个时代还没有随时联网的环境,博客和SNS都没有,手机也还没有普及,是早在互联网浪潮、IT泡沫开始的前一年。为什么在那么早的时期就会想到"媒体广告已经不行了"呢?

佐藤： 在想到"已经不行了"之前有件事。1996年，我负责本田Stepwgn的广告推广活动。这是"和孩子一起出发"的拷贝，邀请了Youssou N'Dour演唱披头士的Ob-La-Di, Ob-La-D（图片见七〇页）。

川岛： 我记得很清楚，这是可士和先生的初期代表作。

佐藤： 电视上铺天盖地在放CM，报纸上也做了很大篇幅的广告，还有楼体广告，等等，总之是运用媒体广告的手段，全方位表达Stepwgn的世界观。得益于此，Stepwgn掀起了一股热潮。即使从我看来，也切实感受到"啊，广告真有效果"。然而过了一年多，到了1998年，开始觉得"哎呀？奇怪——"

川岛： 怎么了？

佐藤： 到1996、1997年为止，媒体广告确实还有效，但1998年就无效了。销量也好、评价也好，街头巷尾的反应很迟钝，明显感觉和之前不同。当时我还在继续本田的工作，如果说效果慢慢下降，我倒是也能理解。但不知道为什么，就是感觉突然效果不行了。所以呢，那一年，我一方面继续在广告代理店工作，另一方面也在寻找能从广告这个范畴走出去的工作机会。

川岛： 走出去做什么？

佐藤： 商品开发。麒麟饮料的"CHIBI LEMON"，我不仅负责它的广告，也负责商品开发和包装设计。以前没有和麒麟饮料打过交道，不过当时商品开发的负责人看到了Stepwgn的推广活动，指名邀请我，说"希望由这位创作者来做"。刚好和我感觉"媒体广告正在失去效果"是同一时期。

川岛：从广告踏入商品设计的领域，感觉如何？

佐藤：我想做的，不是广告，而是设计。我想参与到更加上层的阶段去，参与商品制造，超越广告的层次。我终于意识到了这一点（笑）。

CHIBI LEMON让我找到了违和感的来源

川岛：您意识到了呀。

佐藤：是的，意识到了。广告终究是商品销售的辅助手段。在这之前，商品已经完成了。而我想做的是，设计能让大家喜欢的商品。这是我的目标。在广告代理店工作的十年里，我总有种说不出的违和感，就像牙缝里塞了什么东西一样。等到给"CHIBI LEMON"工作的时候，我终于清楚地找到了根源。

川岛：但是您在做"CHIBI LEMON"的工作时，还是广告代理店的员工吧？换句话说，不用独立出来，也能做那种工作？

佐藤：不行。今天的广告代理店，这种工作可能多了不少，但当时完全没有这样的委托。而且在广告代理店，基本上广告是最优先的。虽然这也无可厚非，但在这里，所谓设计，只是广告的一个部件而已，就像是和市场、策划、营业、媒体这些东西并列的工作。

上：本田 Stepwgn 的广告宣传画

下：麒麟饮料的"CHIBI LEMON",从商品开发阶段开始参与

川岛：设计终究只是广告的部分要素而已。

佐藤：但在我心中，顺序是完全相反的。我认为，"设计"是上层概念，其中包含了美术、制造、建筑、时尚、广告等各个领域。

川岛：从一开始，"设计"就位于您的轴心。

佐藤：是的。之所以觉得广告是有趣的工作，也是因为我把它视为设计的对象。我清楚地认识到了这一点。

川岛：反过来说，"广告设计"只是"设计"的一部分，而您此时已经无法满足于只做广告设计了？

佐藤：是的，我在"CHIBI LEMON"的工作中产生了自觉。我想做的，不是"广告设计"，而是"设计"的全部。不过这样一来，我就无法继续在广告代理店工作了。所以我干脆独立出来，成立了SAMURAI。

川岛：那么，可士和先生如何定义"品牌战略"呢？

佐藤：所谓品牌战略，是在社会中明确企业和商品的性格，获取相应的位置。我是如此理解的。简单来说，就是企业"获取自己想处的位置"，这就是品牌战略。

川岛："自己想处的位置"？

佐藤：在市场中，每个企业都应该有自己适宜的位置，但未必能够准确找到那个位置，也有在不适宜位置展开竞争的情况。所谓品牌战略，我认为，就是要最终找到自己最适宜的位置，也就是自然而然工作、自然而然吸引顾客的位置，在那个位置上确保自己的存在感。

川岛：品牌战略就是找到"自己的位置"。那么，在企业品牌战略中经常提到的"突出自己的性格"又是什么呢？

佐藤：让这家企业处于某个位置的事实变得突出。用通俗的话来解释品牌战略，我认为就是"本质的价值 x 战略性形象塑造"。首先，引导，或者从被埋没的状态下挖掘出客户的本质价值，加以打磨。不过，仅靠本质价值是不够的，因为光有本质价值，"无法传达给顾客"。即使是很好的东西，无法传达给顾客，不就等于不存在吗？

川岛：确实，没有默不作声就能卖掉的。

佐藤：对。所以必须从战略层面对该企业的本质价值进行形象塑造，这样才算开始了"品牌塑造"。

川岛：洋马的案例是怎样的呢？

佐藤：洋马的本质价值是Technology，技术力，是以强大技术提供各种解决方案的企业。

不仅面对直接的顾客，更要传达给最终的消费者

川岛：通过以拖拉机为代表的农业机械，给农户提供解决方案。通过船舶发动机，给船舶生产商提供解决方案。

佐藤：没错，这就是以前的洋马。换言之，直接的顾客是B2B的，从事农业生产的人，或者船舶生产商。但是，在推进新的品牌战略时，我认为，必须以可视化的方式，让最终消费者理解洋马提供的解决方案具有多么精彩的理念。换言之，就是要从B2B发展为B2B2C。

川岛：不仅要把洋马的形象传达给直接顾客，更要传达给最终消费者？

佐藤：嗯。因为你看，由洋马提供农业机械的"农业"，最终联系到了一般消费者吃的蔬菜、水果、米饭等"食物"上。因此可以说，洋马的农业机械，支撑了一切消费者的"食物"。船舶发动机也是如此。虽然购买洋马发动机的是船舶生产商，但受到洋马发动机恩惠的，是购买了游艇和快艇的消费者，当然也有那些在船上享受旅程的人。

川岛：说到企业的品牌战略，常常给人一种类似"更新完LOGO就结束了"的印象。对员工而言，就像是经营层一时兴起、搞个仪式的感觉，不像是自己的事，而是别人的事。这样的品牌战略，不用说深入市场，连公司内部都无法渗透。可士和先生所说的战略性形象塑造与之相反，不仅要传达给企业的直接客户，更要传达到最终消费者那里。

佐藤：没错。以往的品牌战略，只传达到眼前的顾客就结束了。但今后的企业品牌战略，必须将自己在社会中的位置和相关信息，一直传达到身为间接顾客的最终消费者。如果能做到这一点，从结果上看，企业的价值就会得到很大提升。

川岛：在洋马的案例中是怎样做的呢？

佐藤：洋马是通过技术支援农业的企业，所以洋马的技术也支援了大家的餐桌。我希望传达这样的讯息。具体而言，我们开展了"Premium Marche"项目。许多高端农户和洋马有来往，他们种出了异常美味的蔬菜。于是我们开设了一档全新的电视节目，用这些高端农户的蔬菜做原材料，邀请法国、意大利名店的厨师长烹饪，在惠比寿花园广场、大阪的Grand Front举行"Premium Marche"庆典。这些尝试，都是希望生产者和食物的最终消费者有更深、更直接的联系。

至于船舶发动机，洋马是美洲杯帆船赛卫冕冠军"美国甲骨文队"的官方技术合作伙伴。美洲杯帆船赛是世界上水准最高的船舶竞赛，被称为"海上F1"。洋马向甲骨文队提供了两艘双体帆船的发动机，为甲骨文队的连续夺冠做出了贡献。这也是战略性形象塑造的一环。

川岛：听完您的说明，对原本只有农业机械公司形象的洋马，"看法"有了很大的变化。从消费者的角度看，真正变成了"与自己有关的品牌"。不过，改变商品设计、改变LOGO、改变制服，不仅打广告，还通过策划庆典活动、赞助等，以多种方式将品牌形象传达给市场，这很累吧？

佐藤：非常累（笑）。该用什么媒体、以怎样的顺序、在什么时间点、推出什么量级的项目，这些事情要全盘考虑，逐一实行。的确是规模巨大的项目管理。

设计直接联系着经营的本质

川岛：与承接设计相比，这份工作更接近于商业咨询。

佐藤：怎么说呢，我只是从"使用设计进行沟通"的观点出发，协

通过"Premium Marche",传达洋马的技术也在支持餐桌的讯息

助而已。不过,设计本身,说到底是消费者与企业的"接触点",自然和经营的本质关联紧密。即便不与销售直接相关,也是不可忽视的领域。出乎意料的是,很少有企业对设计价值有这样深刻的认识。

川岛：所以可士和先生很抢手啊,您是以设计为武器的经营咨询。另外我还想请教,战略的方方面面都是在可士和先生一个人的头脑中思考的吗？

佐藤：不不不。虽然是以我为中心,但还是和客户的团队一边讨论一边推进的。当然,想法的核心大概还是由我提出的吧。

川岛：希望能有可士和2号、3号吧。

佐藤：哈哈,正头疼呢（笑）。

03　最少也请准备 3 年时间

川岛：进入21世纪已经10多年了，日本的大企业，总感觉停滞不前，典型的就是家电产业。我一直在想，那副死气沉沉的样子是怎么回事。可士和先生是怎么看的？

佐藤：没有好好推行品牌战略的企业，到底看起来还是一副没有精神的样子……而那些企业的市场其实非常多，多到出乎意料。

川岛：能够明确自己性格、获取适当位置的企业很少啊。

佐藤：是的。很多企业虽然在生产商品、提供服务，但并没有明确地提出某个战略说"我们要在世界上占据这个位置"，也没有努力想去传达。简单来说，就是没有认真推行品牌战略。我想，当今时代，那种企业不管生产出"多好的东西"，也卖不出去。

品牌战略需要非常大的能量

川岛：认真推行品牌战略，需要怎么做？

佐藤：如果要认真推行品牌战略，那么在人员、费用、时间上都必须做出巨大投资，同时也必须进行许多决断。这是非常耗费精力的工作。如果能带着这样的决心坚持推行品牌战略，就能让公司品牌在市场上切实占据自身的位置。那样的话，吸引目标顾客的概率也会变高，商品销售的渠道也能构建起来。

川岛：简直就是通过品牌战略来拓展企业的下一个阶段。能够下定决心"开展品牌战略"的最高层，与做不到这种程度的最高层之间，您认为有哪些差异呢？

佐藤：嗯，有点不好说啊，硬要说的话……

川岛：请直截了当地说。

佐藤：首先，自主经营的企业多数都能下这个决断。即便最高层不是创业者，但只要是自主经营的企业，工作通常会进展得比较顺利，因为经营者心中有对自己公司的强烈感情、觉悟和决意。那种有健全的自主经营最高层的，公司内部上上下下的意见又能保持统一的，大抵都可以顺利推进品牌战略。即便不是自主经营的企业，只要意见能在公司内迅速传播开来，哪怕社长是职业经理人，品牌战略也会很顺利。

继承愿景、中轴不曾动摇的公司，最利于开展品牌战略

川岛：比如说呢？

佐藤：本田是个很好的例子。它是一起工作很顺利的企业之一。如您所知,本田不是自主经营的企业,但我能够非常清晰地感觉到,创业者本田宗一郎的精神,完全贯彻在公司内部。无论和哪个项目组的人一同工作,都能感觉到毫不动摇的本田中轴。所以,不管是在广告代理店主持的"Stepwgn"的工作,还是从几年前开始推进的"N"系列的工作,都很顺利。

川岛:本田的情况就是创业者的愿景贯彻到第一线的例子。

佐藤:我是这样感觉的,但本田的人却抱有危机感,认为和以前相比,经营理念正在弱化。反过来说,能产生这种危机感,正说明本田是能够认真推行品牌战略的公司。

川岛:创业者的强烈愿景,在企业中一脉相承,这是最理想的。只要满足这个条件,不管哪个企业,都可以打出明确的品牌战略。

佐藤:既然我和他们一起工作了,当然也和企业具有同样的愿景。所以本田项目组的人说,"只要有可士和先生在,绝对不会偏离目标",这也给了我很大的鼓舞。只要能构建这样的关系,工作就会向好的方向发展。

如果不能一直持续,那就不能叫作品牌战略

川岛:其他的例子呢?

佐藤:GLOBERIDE也是彻底贯彻经营理念的公司。他们在2009年将公司名从DAIWA精工变更为GLOBERIDE。当时的董事长

企业愿景明快的本田广告宣传页。通过共享愿景,构建良好关系。(2011年11月刊载)

兼社长小岛忠雄委托我协助开展品牌战略，项目推进到一半时，社长换成了现任的岸明彦。一般来说，中途出现最高层更迭，方针就会有微妙的变化，品牌战略也往往无法顺利推行。但GLOBERIDE完全没有动摇，项目顺利交接，至今仍在持续。

川岛：为什么能够顺利交接呢？

佐藤：我想是因为从启动品牌战略开始，岸先生就和小岛先生一起参与了项目。换句话说，岸先生很清楚DAIWA精二改造成GLOBERIDE的情况，两任社长对于本质目的和目标都有充分的共享，这很了不起吧？

川岛：两代领导人的价值观都是统一的。

佐藤：对，完全继承经营理念非常重要。我认为，现在的岸社长与当年的会长兼社长、现在的名誉会长小岛先生，在一同工作中，很好地继承了经营理念。

川岛：这是理想的案例，但我觉得，是不是推进不够顺利的案例更多？尤其像品牌战略这样，需要与企业组织中长期合作，在过程中会发生许多很难理解的事？因为不想承担责任所以迟迟不做决定，或者负责人变了之后，原本说好的事情完全变了样子等。可士和先生的工作中也会有这样的情况吗？

佐藤：哈哈哈，当然有。有时仅仅一年时间负责人就调走，然后整个情况完全改变。

川岛：推翻前任负责人做的工作，换句话说，是否定了前任啊。那会导致什么情况呢？

佐藤：淡出咯。非常浪费，明明投入了大量时间和金钱。

川岛：不继续，这是品牌战略的大忌呀。

佐藤：嗯。不继续的话，就不能称为品牌战略了。在这里投入的时间、金钱、精力，全都白费了。如果能够站在公司的角度思考品牌战略到底有利还是有弊，应该会得出继续的结论，然而并没有。

川岛：比起公司的品牌战略，对保持自己的地位更加热心。用这种打工的心态去工作，品牌战略就很难推进了。从这个意义上讲，职业经理人不知不觉也会出现对公司的道德风险。

佐藤：我也做过11年的工薪族，那种感觉当然不会不知道。为保证自己的地位而否定前任的工作，结果就是令公司的品牌战略遭遇挫折。这类事情，在过去的工作中遇到过很多次，所以现在接到企业委托开展品牌战略时，我都会希望在最初阶段给我三年时间熟悉。

川岛：为什么是三年？

佐藤：第一年，在公司内部进行各种调查讨论，开发新的愿景和相应的标识，设计新的LOGO，在社会上公布新的形象。但那并不是品牌战略的结束，应该说，从全社会的角度来看，品牌战略的工作才刚刚开始。虽然很多企业都止步于这个阶段。

川岛：原来如此。

佐藤：第二年是与市场开展真正的沟通、让品牌逐步渗透的时期，即开始扩散。然后，等这个过程在某种程度上结束之后，令新的形象、新的设计在正面意义上渗透到市场，是第三年的任务。不过这也是在一切顺利的情况下。因此才说 三年左右的时间，是品牌战略的第一阶段。

川岛：品牌战略不是可以一气呵成的工作啊。

我不是神，需要三年时间去做

佐藤：当然。虽然也有很多客户希望一气呵成，但品牌战略能否顺利推进，掌握决定权的不是客户，而是市场和顾客。顾客不会那么轻易就接受新形象。偶尔我也会遇到希望能在一年左右见到成效的客户，这时我总要解释说，"形象不是那么简单就能更改的，一年时间做不到。"

川岛：既然是委托可士和先生，肯定可以一气呵成——这样想的人大概也很多吧（笑）。

佐藤：是啊。还有人觉得我最好像魔术师一样，只要收到委托，眨眼间就能全部做好（笑）。

川岛：请可士和先生来推进品牌战略，我们的企业一定会变得更加著名——我想很多客户肯定有这种感觉。

佐藤：完全不是这么一回事。我不是神啊（笑）。而且说到底，主体不是我，是客户。客户如果不能作为主体行动，品牌战略是无法实现的。

川岛：既然如此，在向公司外部传达之前，是不是要将品牌战略的形象在公司内部完全渗透？特别是大企业。

佐藤：非常正确。所以呢，最近这段时间，多了很多内部营销的工作。如何面向公司内部传达品牌再构建的形象，如何统一认识、推进工作，诸如此类的委托有很多。

首先不是对公司外部，而是要对公司内部推行品牌战略

川岛：您是说，在面对公司外部之前，首先要对公司内部推进品牌战略？

佐藤：是的。"如何将自己公司的前进方向传达给员工"。我感觉越来越多的公司开始重视这一点。说到底，这一点不做好，那么即便面向外部展开品牌战略，员工也不会一起行动。

川岛：您认为公司为什么会重视这一点？

佐藤：我想是从失败中学到的。向公司外部拼命发送信息，结果看看身边，却还没有传达给员工。明明下令说"好，出发"，可是看看身后没有一个人跟上来（笑）。品牌战略中，这样的失败案例非常多。所以企业本身也有所意识了吧。

川岛：确实，员工也有员工的想法。

佐藤：在洋马的案例中，我们几乎同时开展对外和对内的品牌战略。首先在公司内部召开启动大会，解释高端品牌项目是怎么一回事，同时也在公司内刊上刊登报道，让那些没能出席大会的员工也能看到。如果只是在面向外部的大型发布会上突然展示出新的LOGO，员工也不会有什么真实感。

川岛：原来如此，首先从向公司内部传达开始。"我们公司邀请可士和先生加入，推出新的愿景"，经营层将这条消息传达给员工。

佐藤： 是的。然后，中层干部的意见统一非常重要，所以在大阪召开记者发布会的那一天上午，洋马将全世界的中层干部集中到一起做了宣讲。同时，为了在各个国家都保持统一，还去了美国，向第一线员工也做了宣讲。

川岛： 如果只是对外发出讯息，公司本身并不会行动起来。

佐藤： 是的。没有对内的传达，就不会成为整个公司的品牌战略。如果只是建立愿景或计划，而没有在企业内部实际执行，那没有任何意义。说到这里，DAIWA精工在把公司名改为GLOBERIDE的时候，也是在对外公布新公司名和LOGO等新形象之前，首先由小岛社长和我在员工面前做了一期访谈，向全体员工公布将公司要做CI的决定。

川岛： 内部营销因为是挺乏味的活动，所以在开展品牌战略的时候，常常会被置之不理。

佐藤： 这是绝对不能遗忘的事。在公司里，如果没有从经营层到第一线都完全贯彻经营理念，对外的品牌战略100%不会顺利。即使是为了企业中的意见统一，内部营销也是非常重要的。

川岛： 首先要在公司内部开展品牌战略，对吧。

04　设计，是最强大的"词汇"

川岛：说到品牌战略呢，可士和先生自身，也正在成为"佐藤可士和"的品牌吧。换句话说，在开展企业的品牌战略时，也推广了"佐藤可士和"的品牌战略。对此您有强烈的意识吗？

佐藤：唔……又是很难回答的问题（笑）。这个呢，自从我由博报堂辞职、创立SAMURAI的时候开始，就带着强烈的任务意识，不辜负客户对SAMURAI的期待，努力工作。

川岛：真是优等生的回答（笑）。这不是什么都没回答吗！那么，您认为客户对SAMURAI的期待是什么呢？

一直都想做SAMURAI

佐藤：因为名字叫作SAMURAI（SAMURAI在日语中是"武士"的意思），所以期望给出锐利的、一针见血的回答。面对困难也不逃避，想办法去克服。说起来，起SAMURAI这个名字，也是因为暗自决心要像这样工作的缘故。

川岛：哦，真是帅气。

佐藤：“可士和”这个名字的中间是"士"字。也许是因为我练习剑道的缘故，内心总有个声音告诉我说，无论何时何地，都要做一个武士（SAMURAI）。所以独立创业的时候 我起的名字就是SAMURAI。反过来说，有时候人们在内心里是不是也会想要小小地逃避一下？

川岛：每天都想。

佐藤：我也是（笑）。不过想逃避的时候，再一想，公司名字都叫SAMURAI了，终究不能逃避吧？

川岛：不能逃避。毕竟是武士（SAMURAI）啊。不过可士和先生的确很有武士气息。表里如一，直爽明快。很有快刀斩乱麻的气势。

佐藤：刚刚独立的时候，什么都是一刀两断的做法（笑）。

川岛：就像武士修行一样。

佐藤：不过我也知道还有别的工作方式，不一定都要一刀两断。但我最终还是选择了一刀两断的方式。当然，在这十四年里，我也经历了各种事情。现在的一刀两断，是在理解了许多事情的基础上所做的一刀两断，和创业当时的一刀两断有所不同。总之我还是想继续做SAMURAI。

川岛：可士和流，说到底就是一刀两断。

佐藤：说不定客户在找我的时候，看到我这家公司的名字叫作SAMURAI，所以也有点心理准备吧（笑）。

佐藤可士和的竞争对手是著名企业家？

川岛：可士和先生有没有竞争对手？

佐藤：唔……与其说是竞争对手，其实应该说是我尊敬的人，比如秋元康先生、小山薰堂先生，都非常了不起。别人都觉得做不了的事情，他们能够扎实推进。三木谷浩史先生也是，虽然和我是同辈人，但放弃了超级精英的兴银位置，成立了乐天，做了社长，使得乐天集团成长到现在这个规模，连东北乐天金鹰棒球队都大获全胜，非常了不起。还有一直照顾我工作的优衣库柳井正董事长兼社长、7&I控股的铃木敏文会长，我都非常尊敬。

川岛：您说的这些名字，与其说是设计师或创作者，从更广的意义上说，应该都是经营者吧。秋元先生也好、小山先生也好。

佐藤：说的没错。各位都是商业上的创作者，开拓新的领域、新的市场，不断创造。那样的工作很有趣，也能体会到成就感。

川岛：这样说来，可士和先生是不是也越来越多地接到新的工作，跳出日本的范畴，面向全世界？

佐藤：当然。不过我所考虑的进入世界，并不一定等同于接到海外企业客户的委托。无论如何，相比于和海外企业携手，我更想协助日本企业、日本的品牌进入全世界。因为是武士（SAMURAI）嘛（笑）。

川岛：如果可士和先生参与海外企业的品牌战略，最终导致竞争的日本企业失败，身为日本人会很不甘心。不过，海外企业的委托的确会有很多吧？

佐藤：各种企业都来找过我。像我这种从设计的观点开展品牌战略的工作，有些时候，海外企业比日本企业着眼的阶段更早。看到我的成绩，立刻就来委托我，让我觉得非常厉害。虽然那时候最终并没有接受委托。

要动手，要想象

川岛：我觉得，可士和先生之所以在设计和品牌战略上这么厉害，很大原因在于是美术大学（多摩美术大学）毕业，自己能画、能动手的缘故。

佐藤：唔，这确实是非常重要的一点。现在的年轻人，就连专业的设计师，很多也不能动手，需要依靠计算机，所以能够自己画画就是很大的优势。不过，更重要的，我认为是形象化的能力。有没有在动手做设计之上，还具有想象新东西的能力，这非常重要。没有想象的能力，换言之就是没有构想的能力。

川岛：这里的想象，或者说构想，是什么意思呢？

佐藤：一言以蔽之，就是"描绘未来"。当然它绝不简单，不过未来确实是可以想象和描绘的。

川岛：这种能力，也是经营者必须的能力吧——描绘未来的能力。

佐藤：7&I控股的铃木会长、优衣库的柳井社长、乐天的三木谷社长，都具有"描绘未来"的强大想象力，所以能够开启新的商业、开拓新的市场。在这个意义上,创业者是顶尖的创造者。我想,不具有极好创作者素质的人是无法创业的。

川岛:优秀的经营者就是创作者。创造商品和服务、创造市场。

佐藤:我的特点是技术,能将想象力具体化的"绘画"技术。这样一来,就能以压倒性的速度优势,将设计传达给他人。一旦涌现出想象,就会以LOGO、广告或者空间等可视化的形式迅速设计出来,可以在瞬间传达给许多人,"啊,这个不错。"

川岛:原来如此,想象力与绘画力组合在一起,"传达力"就会变得更强。不管是准备几十页PPT的资料,还是用语言来传达,都会花费极多的时间和精力,而且常常还很难理解。

佐藤:是的。与单靠语言来传达相比,动手画图可以用10倍、100倍的速度将想象传达过去。

设计是和语言、数学等相同的传达工具

川岛:可士和先生,请给设计这个词下个定义。

佐藤:这么突然(笑)。很少有人问到这个问题。我觉得应该是"让愿景形象化"。这里所说的"形象",不仅是物理意义上的形象,而且有更加广泛的意义。从思考方式、做事方式,到确定的做法,全部综合起来的方法论,或者说像是工具一样的东西。

川岛:设计是工具?

佐藤：嗯，是最强大的商业工具。像工具一样运用自如的就是设计。换言之，将愿景这一抽象的、无法捕捉的想象，化作能够共享的形象传达出去，这一过程本身就是设计。所以和语言、数学这些类似，都是工具。

川岛：数学？

佐藤：用数字这种理念来掌握世界的"工具"就是数学。就像2+2=4这样，使用数学这种工具，可以解决问题。音乐和语言也是一样。设计是用于沟通的工具。所以我认为，设计是与数学、语言、音乐等并列的存在。

川岛：是语言，是方程，是工具。这就是设计！可士和先生的设计定义，非常独特。我感觉到，设计不是理论和道理，而是打动人心的东西。相比于在会议上拿出许多文件解说困难的问题，通过绘画或投影展示某种设计的方式，向心力会非常高。有很多这方面的案例。从"传达"的角度说，设计作为语言、作为工具，我想它具有非常大的作用。

佐藤：说的没错。设计本来就是诉诸人类五感的工具。人类只能通过五感来接收信息，所以刺激五感的设计，在某种意义上是最强的工具和语言。比起语言和数学，有时它会具有更强的效果。

川岛：不仅诉诸头脑，更诉诸五感。这话很有说服力。

佐藤：在这个意义上，所谓设计，到底还是近似于语言。视觉语言之类，唔，不仅是视觉，也包括听觉、触觉这些要素。正因为如此，我想这么说："设计是感觉语言。"

川岛：有了一句名言（笑）。设计是感觉语言。

佐藤：虽然是我自己说的，不过好像确实不错（笑）。这也是我第一次说。设计，简单来说就是感觉语言。视觉、听觉、味觉、嗅觉、触觉，对五感起作用的语言。

川岛：今天的发明（笑）。

佐藤：对，发明（笑）。不过，既然是语言，那么我希望设计不要单独成为设计师的工具，而是谁都可以使用的"语言""函数"。现在我在庆应义塾大学环境情报学部教授"未开拓领域的设计战略"课程，这也是在非美术大学的地方上课。如果能够培养出许多可以理解设计这种感觉语言的商务人士，而我又能在其中稍微出一点力的话，就很欣慰了。当他们走上社会，参与经营的时候，作为能够理解、判断设计的人才，会发挥他们独特的作用吧。那样的话，日本的企业应该会变得更加富有活力、富有创造性。

身体得到锻炼，感觉也会敏锐

川岛：设计是感觉语言。这样看来，设计的意义顿时变得很广。

佐藤：将五感语言化就是设计，所以可以说设计师必须随时具备敏锐的感觉。

川岛：如果感觉迟钝，就无法产生优质的设计=感觉语言。对此，可士和先生有什么心得吗？

佐藤：首先是身体。去健身房锻炼身体，这是我的心得。其实不应该说是锻炼，更近于调整。

川岛：什么意思？

佐藤：不是要锻炼肌肉，而是通过调整身体的轴心，让身体的五感保持平衡。身体和感觉是一体的，所以身体得到锻炼，感觉也会敏锐。

川岛：这样想来，提供商品或服务的企业人，很多都是整天伏案工作的，不会使用五感。

佐藤：这样绝对产生不出优秀的东西。

川岛：另一方面，接受商品或服务的消费者，也不是根据理念或理论去选择，而是依照"喜欢""舒适""可爱"之类的感觉去挑选。如果企业不能将这种感觉体现在自家的产品上，那么不管具有多么优秀的功能，产品也卖不出去。生产者与消费者之间隔着巨大的鸿沟。

佐藤：说到底，生产者的感觉必须比接受者领先一步，要能给消费者做出新的提案才行。所以锤炼五感是必须的。

川岛：总之企业人士都去健身房磨炼五感吧（笑）。

05 "可士和超整理术" 得益于调皮大王的启发

川岛：SAMURAI有多少员工？

佐藤：算上实习生大约10人。

川岛：男生多吗？

佐藤：男性数量具有压倒性优势。项目经理有两位女性，剩下的全都是男性。

川岛：当今社会总是听说女性非常优秀，而且印象中设计世界中的女性似乎也特别多。为什么SAMURAI的女性很少呢？

不管是谁，都能学会整理

佐藤：唔……说不定是因为我一直把整理当作大事对待的缘故。整理是非常男性化的事情。

川岛：明白！！女性实际上要在有点乱糟糟的状态下才能工作。我也觉得在可士和先生这么整洁的办公室里，大概，做不了什么事情……（笑）

佐藤：啊，被川岛小姐拒绝了（笑）。果然是超整理术导致的吧。

反过来说，如果有特别喜欢整洁的女性，我也非常想把她招到SAMURAI来。

川岛：擅长整理的女性请毛遂自荐！SAMURAI在寻找你！唔，员工如果不能好好整理，可士和先生会生气吗？

佐藤：会。非常生气（笑）。因为你看，SAMURAI歌颂的是"设计自身的工作方式"，所以整理非常重要。如何迅速、快乐、高效地完成高品质的工作，这些和整理是一体的。

川岛：会不会有员工满足不了可士和超整理术的严厉要求，结果被要求说，"抱歉，请回家去吧"（笑）。

佐藤：其实挺奇怪的，我基本上都没辞过人（笑）。每个人都自我学习、自我提高，慢慢就能学会整理了。人嘛，不管是谁，总能踏实成长，学会整理的。

川岛：原来如此。可士和先生酷爱整理的根源到底是从何而来的呢？少年时代就是超级整理狂人吗（笑）？

佐藤：这个当然不可能啊（笑）。就像一般的小学生，自己的房间总是乱七八糟的。不过，超整理术觉醒的契机，我到现在记得很清楚。小学三年级的一件事情，让我喜欢上了整理。不不，是不得不做好整理。

川岛：是什么事？

佐藤：班上有一个调皮大王，学习一塌糊涂，整天鼻涕邋遢的，唯独很能打架，正是不折不扣的调皮大王。但是不知道什么原因，我和那个调皮大王关系很好。有一天去他家里玩，结果大吃一惊。他的房间非常干净。

明明鼻涕邋遢，房间却干净得令人嫉妒

川岛：明明是鼻涕邋遢、学习很差的调皮大王……（笑）

佐藤：对，不是优等生，也不是学习委员（笑）。课本都按照尺寸大小排列得整整齐齐，铅笔按长短顺序削好摆齐，玩具柜里的玩具也收拾得干干净净。这算怎么回事啊？感觉受到了文化冲击，非常震惊。

川岛：性格和房间完全相反。

佐藤：对对。所以很窝火。这家伙这么成熟、这么帅。"危险，比我还帅！"（笑）我赶紧回家，连夜开始整理漫画书。本来是到处乱放，整天被父母骂，这时候都按标题分门别类，从第一卷开始按顺序排好。这么一来，景色完全变了。

川岛：又夸张了吧（笑）。

佐藤：真的真的。景色变了，心情也变了。书橱整理干净，心情也变得非常好。看上去就很舒服，心情很舒畅。而且哪本书在哪里也都清清楚楚。这不都是很好吗？就这样，我从此就变身成了超整理的人（笑）。

川岛：可士和先生的根源是在喜欢干净的鼻涕小孩身上吗……

佐藤：稍微岔开一点话题，2013年，我做过抗衰老检查。川岛小姐，您知道吗？

川岛：不知道。抗衰老检查是什么？

佐藤：比体检更细致，会诊断身体年龄和其他许多内容。我已经过了45岁，开始在意年纪，所以去做了检查（笑）。菜单中有测定大脑年龄的项目，检查出来是25岁。看到大脑年龄20多岁的结果，真是非常开心（笑）。

川岛：真不错。我可不想测试自己的大脑年龄（笑）。怎么样才能像可士和先生一样保持年轻的大脑呢？

佐藤：这个……不断观赏新的风景吧。

川岛：什么意思？

佐藤：就是要多看风景。总而言之，从各种角度去看世界。不怕失败，不断挑战有趣的事情。这样的话，新的景色必然会在眼前展开。于是大脑就会一直全速运转，不用担心生锈了。

川岛：协助各种领域的各家企业开展品牌战略的工作，和这个也是相通的吧。

佐藤：没错。共同思考、共同开创客户的下一个阶段。这就是品牌战略。我的任务，就是创建企业的"新风景"。在各个领域不断从事那样的工作，不知不觉间，就会对各种事情看得非常清楚。

川岛：对各种事情看得非常清楚？

佐藤：逐渐习惯从各种角度看同一件事情。反复从不同角度去看，逐渐会感觉到事情的核心。不过，话虽如此，并不代表我就很满足。我还是希望时常能有新的视角、有趣的视角。

川岛：最近有什么获得新视角的例子吗？

佐藤：教育，还有防灾。除了商业领域，教育领域也非常有趣。刚才我也稍微提了一句，目前在庆应大学SFC学部教授"未开拓领域的设计战略"课程。至于教授的内容，就是"防灾设计"。

联系于防灾的设计和教育

川岛：防灾设计？

佐藤：对于"防灾"，设计到底能做什么，我和学生们一起探究这个问题。我们以工作组的形式，组成小组上课。在这样的过程中，必然会从防灾的视角出发，重新观察社会。单从这个角度，就有无数以前没有注意过的发现。原本认为非常完美的街道，从防灾的视角看，全都是问题。而且在这样上课的过程中，从学生身上也能清楚地观察到人类心理的变化。

川岛：是怎么变化的呢？

佐藤：比如说有种非常令人遗憾的现象：距离受灾地越远，对东日本大地震的实际感受终究会越淡薄。一点点远离。

川岛：不仅学生，整个社会都是这样的。

佐藤：除了在大学授课本身的意义之外，通过大学授课，可以从不同的角度看社会。对我来说，这也是非常大的收获。

川岛：最后还想请教服装界的问题。服装本来就是与设计直接相关的领域。可士和先生还在上学的80年代，服装就是设计的中心。但是到了今天，服装通常不会再成为一般性的话题了。

佐藤：我在高中和大学的时候也很热衷服装。服装本身具有非常大的力量。但是，如今思考服装的人，说极端点，只有服装界的人。我年轻的时候，凡是能吸引人的地方，中心必然是服装，然而今天已经变得像空气一样了。时尚的服装已经不再是特别的东西，而是日常穿着了。

川岛：从80年代到90年代，服装的影响力是非常大的。就像现在的人崇拜史蒂夫·乔布斯一样，那时候的人崇拜的是三宅一生、川久保玲、山本耀司。

未来无法预知，所以，未来很有趣

佐藤：是的。今天吸引人的东西，从服装转到了以iPhone为代表的IT技术领域。话虽如此，并不是说服装打扮就不受关注了，而是服装已经变成默认的配置，在大众中普及开来了。

川岛：普及开来、水准提高了。

佐藤：所以我觉得大家的服饰都变得非常有品位。

川岛：这么说来，IT迟早也会变成像服装一样，变得让人习以为常。

佐藤：是吧。差不多正在向这方面转变吧。

川岛：到了那样的时代，可士和先生会做什么呢？

佐藤：我也不知道（笑）。不过，正因为不知道，所以才有趣啊。

(摄影:大槻纯一)

增田先生传授的五个要点

1	企业品牌战略要想成功，必须将该企业的本质价值置换为形象，进行战略性操控。通过操控价值来传达。
2	更新LOGO只是品牌战略的手段之一。最关键的是要将企业在社会中所处的位置可视化，让员工和社会理解。
3	构建企业品牌，最少需要三年。应当认识到，不论人员、时间、费用，都需要巨大的投资和能量。
4	能够顺利开展品牌战略的企业，顶层会亲自与创作者联系，做出明快的判断，迅速加以实行。
5	今后的工作所要求的是"描绘未来的力量"。如果具有对未来的强大想象，便可以创造新的商业、开拓新的市场。

社长先生的意见之二

不够精彩的百货店
无法生存

与大西洋先生的对话
三越伊势丹控股董事长、社长

大西先生的教导

"令百货店重新变精彩"的方法

第一次拜访三越伊势丹的大西洋社长，是在执笔撰写《伊势丹的人们》的时候。

那时听说了2003年新宿绅士馆大改革的事情。

在那之后，伊势丹和三越合并，大西先生成为新公司的社长。我也采访过许多次，从没有偏离大西先生的思考。

大西先生不像是百货店的社长——请从正面理解这个评价。

一有时间，大西先生就会去店里，在第一线巡视。

他设立了休息日，缩短了营业时间，完全打破了业界的常识。

席卷百货店的状况绝非安泰。

郊外的购物中心、都市部的车站商场、网络销售等，竞争对手一路猛追，百货店的相对地位正在动摇。这是确定无疑的事实。

工作日走访街上的百货店，再没有往日喧闹的人声，竟有少许寂寞的感觉。

今后百货店将何去何从？

大西先生将如何掌舵？

单刀直入地请教。

01 百货店的市场份额只有5%

川岛：大西先生就任三越伊势丹控股代表取缔役社长刚刚两年，就带来了天翻地覆的变化。2014年3月期，综合营业利润（consolidated operating profit）增加346亿元，增长约30%。销售额和利润都创下历史新高，发展势头十分强劲。

大西：谢谢。

川岛：不仅是数字，商店形态也发生了变化。从三越和伊势丹这两家气质相左的百货店合并开始，2013年伊势丹新宿本店（以下称为新宿伊势丹）大改建，日本桥三越本店（以下称为日本桥三越）的翻新计划也在推进中。如今人们通常都将百货店视为夕阳产业，为何短时间内能够获得如此大的成果？很想请教"大西魔法"。

大西：好的。首先有一点需要说明。川岛小姐，您刚刚说百货店是"夕阳产业"，对吧？

川岛：抱歉（苦笑）。

大西洋：1955年东京都生。
79年应庆义塾大学商学部毕业后，进入伊势丹（现：三越伊势丹）。经过绅士统括部长等职务，2008年任三越常务执行董事、伊势丹常务执行董事。09年任伊势丹社长。2011年任三越伊势丹社长。12年2月起任现职。

百货店的零售市场份额只有5%

大西：不不不，这是真的。您知道现在百货店在零售市场上占据的销售份额是多少吗？只有5%。

川岛：5%？！

大西：是的，往昔的风光不再，真是"夕阳"风景了，甚至比大家想象得更加危险。

川岛：虽然的确感觉很艰难，但没想到市场份额只有这么一点……印象中，走在街上，还是能感觉到百货店仍在奋力拼搏。

大西：零售的业态如今已经非常多样化，简直都快无法划分了。在市中心，有百货店，有专卖店，有地铁站上的商业设施。至于郊外，以往只有大型超市的地方，现在则铺开了巨型豪华购物中心，代表就是AEON集团。便利店现在也开始推出中元、新春礼品，甚至也会销售年夜饭。这些放在以前都是百货店的工作啊。百货店的市场份额下降也是自然的。

川岛：的确如此……特别是二三线城市和郊外，都是购物中心，里面从服装到日用品，从家电、餐饮到电影院、超市，应有尽有，完全代替了当地商业区的功能，许多人会在购物中心里度过一整天。位于从前市中心的百货店、专卖店不断陷入苦战。百货店的"购物乐趣"这一任务，正在逐渐被购物中心取代。

大西：没错。比如说百货店的主力商品服装，也是地铁站上或者附近交通极其便利的时装门店更能吸引客流。Zara、H&M、

Forever21、日本的优衣库等快时尚品牌，瞄准世界市场，具有压倒性的市场力，在日本市场上的份额也不断攀升。这样一来，自然会产生这样的问题：百货店是什么？应该怎么做？

川岛：说起来，百货店到底是什么呢？

大西：所谓百货店，首先是"高品位"。必须明确展示这一价值。

川岛：高品位？

大西：能否向顾客提供"高品位"，这是百货店的价值。比如说快时尚，价格便宜，功能也很优秀；从价格看来，它们的品质非常好，具有很高的性价比；对顾客来说，这就是快时尚的魅力、品牌的价值。

川岛：现在的快时尚不再是"便宜但差劲"了。实际上连设计都是一流的。这不正是"高品位"吗？擅长搭配不同品牌的日本人，也会将"优衣库""H&M"和"路易威登"穿在一起。而同时，作为"高品位"代名词的LV，不仅在百货店销售，也在不断开设自家的门店。

大西：的确如此。

川岛：那么，百货店的"高品位"又是什么呢？不知道从前是不是有些高级品只在百货店销售，至少当今时代已经没有这种情况了吧？

大西：您可真严厉（苦笑）。的确如川岛小姐所说，必须仔细定义百货店能够提供的"高品位"，并且加以实践才行。我所说的"高品位"，不仅仅是"销售高级品"的意思。

川岛：那么是什么？

是否会"专程"前来

大西：是否能让来购物的顾客体会到"满足的心情"。更明确地说，不仅是商品和服务，更包括环境和空间，是否具有吸引顾客"专程"前来购物的"魅力"。我认为这是百货店应该提供的"高品位"。

川岛：专程前来？

大西：当今时代，只要有网络，坐在家里什么都能买到。亚马逊、乐天等网络商店的供货范围基本上覆盖了所有商品领域，甚至奢侈品牌也能在网上买。超市、便利店和网络销售携手，结果就是什么东西都能在家里买到，包括日用品、食品等。换句话说，基本上没有"专程去买东西"的必要了。

川岛：在价格竞争中获胜的山田电机这类家电量贩店，也败给了亚马逊的低价格竞争力，业绩不断下滑。

大西："专程"去店里买东西，被认为是浪费时间、浪费精力、浪费交通费。正因为如此，我们百货店必须将"专程"变为对于顾客来说有价值的、绝非浪费的事情。

川岛：从前，休息日一家人盛装打扮，"专程"前往百货店，简直和去公园一样，让人雀跃欢欣。用"休闲"这个词来形容也不为过。

大西：在网络购物已经司空见惯的时代，还能不能将那种"专程前往的快乐"作为一项价值提供给顾客？百货店的存在意义就在于此。换句话说，我们在今天、在今后，都必须成为能让顾客"专程"前往的"高品位的百货店"。

川岛：网络销售的卖点在于，抓住"专程"是浪费的观点，让人能够随时随地购物；那么，积极给"专程"赋予价值，将购物本身附加上娱乐意义，这就是百货店的方针。如此说来，迪士尼、环球影城等游乐设施是"专程"去玩的地方，但实际上也有销售的内容，除了门票，游乐设施内商品销售和餐饮的比率都非常高。在卖门票之外还吸引顾客购物和饮食。

大西：百货店不收门票。这样看来，顾客"专程"前来的障碍应该比迪士尼乐园要低。我们必须将能让顾客"专程"前来的、体现"高品位"的百货店作为我们的目标。

川岛：但如果不是游乐设施，零售业要想让顾客"专程"前来购物，难度恐怕相当高吧？正如刚才大西先生自己也说的，网络销售的魅力与日俱增，一切商品都能在网上买到。当今时代连生鲜食品都可以当天配送。在这样的时代，具有"专程出门购物"价值的"高品位的百货店"会是怎样的地方呢？应该打出怎样的魅力呢？

大西：答案很简单，要从硬件和软件两个方面提升魅力。而且要彻底提升，让竞争对手无法模仿。换句话说，就是店铺的"形态"和店铺的"人员"。从硬件层面说，建筑的外观和装修都要呈现高品位。"外表"非常重要。对于百货店而言，富有魅力的建筑和空间是绝对不可欠缺的。

川岛：换句话说就是"设计"吧。不管是领导世界服装销售的新宿伊势丹，还是日本最早的百货店日本桥三越，"外表=建筑外观"的风情，确实承担着品牌形象的一环。

彻底且无法模仿的出色

大西：但是，在这种情况下，仅仅品位高是没用的。必须体现出只有这里才有的设计、建筑、装修。银座和日本桥三越必须是供各自的魅力，银座三越自己独有的魅力，日本桥三越自己独有的魅力。需要有"专程"前往的价值。

川岛：这和快时尚的门店、购物中心、地铁站上的商铺、超市等都有区别。那些业态的价值在于不管在哪里都能享受到"同样的商品""同样的形态""同样的品质""同样的服务"。而百货店则不同。您是这个意思吧？

大西：伊势丹和三越当然也必须将各自的品牌一以贯之。但是，与此同时，如果没有每家店的独特魅力，"专程"前往的价值也就不复存在了。

川岛：那么，在软件层面上，打造"高品位百货店"的决胜因素"人"，您又是怎么做的呢？

大西：奋斗在最前线的店铺造型师就是决胜因素。在软件层面上，他们是支撑百货店品位的"关键"。无论建筑和装潢有多出色，单靠硬件都是不够的。为了让顾客认为，"百货店很有品位、非常出色，想去买东西"；为了让顾客专程来到百货店，店铺的造型师必须足够"有品位"，必须足够"出色"。他们承担着协调顾客生活风格的任务。在这个意义上，我们公司将营业员称之为"造型师"。

川岛： "造型师很有品位？"

大西： 这里的"有品位"，并不是说每个造型师的"外表"很有品位，而是说能否酿成顾客走进店里的时候直接感受到的"空气"，能否敏锐地察觉一个个顾客的需求，给出新的提案。用2013年的流行语来说，造型师能否体现"待客如亲"的力量。

川岛： 日本百货店的习惯是，早上开门的时候，造型师就会在通道两边排成一排，深深鞠躬说"欢迎光临"，迎接客人的到来。这是日本独有的呀。

大西： 这正是日本的"待客如亲"，也是百货店"待客如亲"的象征。

川岛： 作为硬件的店铺品牌塑造与设计，作为软件的造型师"待客如亲"之力，两边都做到极致，才体现出高品位，顾客才会"专程"前来。这就是大西流的百货店再生术。这种改革如何得以成功，接下来加以请教。

02　让百货店的"门外汉"来设计

川岛：大西先生做了社长之后，三越伊势丹的硬件和软件都发生了巨大的变化。在硬件层面，最惊人的是把最核心的伊势丹新宿本店做了大改造。花了多少钱？

大西：投入了100亿日元。从一个店铺的改造费来看，这是一笔巨款。

川岛：100亿日元！改造是在2013年3月结束的。一年之后的今天，熙熙攘攘，热闹非凡，销售额也切实攀升了。但是，花费那么大的投资改造一家店铺，公司内部没有反对的声音吗？

大西：当然有（笑）。也有反对意见。那是2010年做的计划，不过当时金融危机刚刚过去，经济形势并不好。有必要投资100亿日元改造一家店铺吗？很多人这么问我。但即使如此，还是决定要做。因为感觉到继续延续以前的商业模式，百货店是没有未来的。

川岛：为改造进行设计的是丹下都市建筑设计的法人代表丹下宪孝与GLAMOROUS的法人代表森田恭通。刚开始听说的时候，有点吃惊。森田先生虽然是以店铺设计著名，但那么大规模的百货店装修还是第一次,真可以说是"门外汉"。

门外汉的设计力改变了百货店

大西:特意挑选没有很多百货店经验的建筑师和设计师来负责,这是从一开始就决定的。

川岛:为什么?

大西:2003年伊势丹新宿绅士馆改造的时候,我是绅士服装营业部部长,站在第一线。我希望能借用那时候的经验。

川岛:伊势丹新宿绅士馆的改造,在当时是个很大的新闻。已经汇聚了各种世界性的品牌,却又要求那些品牌把自己的LOGO去掉,也不允许独自设计,而要统一在伊势丹新宿绅士馆的整体设计下,不管哪个品牌都保持同样的商品陈列。

大西:当时,海外品牌的力量日渐强大,即使是在百货店内,著名品牌也会保持自己的独立装修。结果就是百货店逐渐变成和出租楼一样。这让人很担心百货店还有没有存在的意义。所以,不管哪个品牌,要在伊势丹体现伊势丹独有的价值,这是必须的。我带着这样的想法,违背时代潮流,将伊势丹新宿绅士馆的统一个性,放在各个品牌门店的个性之上。

川岛:那时候的店铺设计方式也变了吧?

大西:我委托了之前基本上没有接触过商业设施、当时还寂寂无名的设计师。结果设计师确实不了解百货店的常识。对于他提出的设计方案,店铺方面十分反对。他的设计确实很有统一感，看起来非常有品位，但和之前的店面设计相比，能够存放的商品数量少得可怜。大家都说这样的设计光顾着好看了。

川岛：发生了争执。

大西：很大的争执（笑）。对于门店销售来说，商品就是生命。当然想在店里尽可能多放商品。另一方面，设计师为了看起来清爽，想要减少店面的商品库存，所以每天都会争论至深夜，将冲突点一个个整理出来，再去修改门店的设计。

川岛：这是公司内部的调整。还有和外部各品牌的协调吧？

大西：是的。不允许他们按照自己的方式设计门店，当然也会起争执。现在回想起来，改造真是太费劲了。不过，最终还是顶住了所有的反对意见。改造后的伊势丹新宿绅士馆，创造了全日本乃至全世界服装店的最高销售纪录。

川岛：伊势丹新宿绅士馆通过设计体现自身的品牌，而不是其他各个品牌。通过这一方式，创造出能让顾客"专程"前来的价值。

在与销售和品牌的冲突中前行

大西：成功的核心，是不习惯百货店的设计师与员工之间真心诚意的争执，最后得到了良好的结果。不习惯百货店，意味着与顾客接近。习惯百货店，眼光就变成业界内部的了。专家固然会接受，但一般人接受不了。那就没意义了。因为我们的使命就是吸引一般顾客过来。所以，基于这样的考虑，这一次的本馆改造，特意委托了不习惯百货店的设计师，让他与我们的员工发生争执。

川岛：换句话说，给店铺做设计的森田先生和第一线人员的争执，已经在大西先生心中预料到了。

大西：我相信，越是争执，越会得到良好的结果。

川岛：和您预想的一样，争执出好的结果了。

大西：比预想的还好（笑）。在这一次森田先生的设计方案中，卖场的面积、商品的展示，与之前相比大幅下降。店长当然非常反对，都说销售机会减少了。最终甚至发展到开辟一个场地，将店长全都召集到一起，由森田先生直接解释自己的设计思想。

川岛：想要卖出很多商品的店长和想要在常识之外创造新卖场的设计师，当然会发生争执。

大西：但是呢，最终的目标是一致的。就是要吸引比以前更多的客人，卖出比以前更多的商品。要建造那样的地方，靠"改善"店铺之类不温不火的方法是不行的，需要店铺的"革命"。需要跳跃式的变化。一言以蔽之，就是需要"具有压倒性高品位的卖场"。

川岛：以前见到森田先生的时候听他说过"去过世界各地的百货店买东西。不是以装潢设计师的身份，而是作为买衣服的客人身份去思考"。

大西：我认为，森田先生这样的思想真正变成了设计，所以改造才会成功。

川岛：设计层面的革命取得了成功，那么商业层面又是怎样革命的呢？

大西：举例来说，我们将女士服装的卖场面积削减了大约12%。取而代之的是设立了更宽敞的试衣间，希望提升"待客如亲"的表现，也就是以此提高服务水准。

川岛：减少卖场面积和店面库存，有没有反对的声音说"销量会因此下降"？

大西：当然有。但还是要推行。面积减少导致销售额降低，这是延续现状基础上的想法。今后的百货店，需要通过商品力和销售力创造新的价值，以此提高利润。即使没有陈列出来的商品，也要能迅速检查仓库，送到顾客手中。还有使用平板电脑检查库存情况，积极联系供货商，这都是在提供优质服务。

川岛：改造后的新宿本店，每个卖场的试衣间设计都不同。

大西：这些差异，不是实际来到店里的客人是不会知道的。能够明白那些差异的客人，会认为"新宿伊势丹很不错"。换言之，"专程"前来的频率会上升。仅仅拘泥于卖场面积的大小，无法传达出这样的魅力。我想，改变历来的固有观念，是今天百货店需要解决的课题之一。

川岛：从各个方面看都很保守的百货店世界，大西先生接二连三做出新的挑战。您的根源在哪里呢？

大西：年轻的时候，我是吉祥寺伊势丹翻新计划项目组的一员。那就是我改变的契机。那时候的上司是位很有个性的人，认为光靠内部人士纸上谈兵，建立不了有趣的店铺，所以他不断告诫我们，要拜访外部人士，走访各种店铺，用自己的亲身感受去拓展新的想法。一开始我不知道该做什么才好，不过和业界之外的人交流的时候，发现可以从自身以外的视角去看待事物。这让我非常惊讶。我深刻感受到，不要自己闭门苦想，要从外界的客观视角出发，更能产生出新的创造和挑战。

川岛：要培养打破桎梏的视角。

"外部"的视角和血液

大西：对流通业而言，需要的不仅是公司外的视角，更要业界外的视角。今天，零售业态已经异常多样化，一切业态都是竞争对手，"外界的眼光"更加重要。便利店、网络购物，都成为百货店的对手。所以我们公司现如今正在积极引入外部人才，不局限于流通业。

川岛：要引入不同的血液。

大西：2012年起，我们从IT、金融、媒体等系统录用了大约50名人员。单靠百货店内部的人才，无法开辟新的天地，期望新领域的人来做新的事情。

川岛：但是，对于中途空降的人才，内部会有一种"看看你有多大能耐"的情绪。"缺乏业界常识，肯定满脑子胡思乱想"。

大西：正因为如此，作为领导的我，必须支持从外部录用的人才。关于引入他们的的意义和影响，我不断有意识地传达给员工。

03　新宿伊势丹被 20 岁的女生们改变

川岛：现在网络上"ISETANTANTAN"的CM很热门，这支CM的舞台就在新宿伊势丹，店里的造型师和员工一起唱歌跳舞。

大西：您也看到了呀？伊势丹各家分店的工作人员，包括地方和海外员工，都随着矢野显子的歌翩翩起舞，一起演出了这支CM。

川岛：这个广告的音乐很好听，很长，但会情不自禁一直看到最后，和迪士尼乐园那种游乐场一样的气氛。而且百货店这个硬件和售货员这个软件成为一体，自然而然传达出"欢迎光临"的意思。看到那个CM，的确会想"专程"前往。难不成那个CM的形象，正是大西先生期望的"高品位百货店"的理想型之一？

大西：被您发现了（笑）。

川岛：那支CM真是非常有趣，而在我这样80年代进入社会的人看来，又有非常怀念的感觉。就像是又回到了百货店还很有干劲的时代。啊，身为50多岁的顾客，也没被遗忘啊（笑）。

大西：其实，2013年改造后的新宿伊势丹二楼，将目标顾客的年龄层拓展了很多。说到新宿伊势丹的二楼，以前都是以20岁女性为目标。顾客和公司都这么认为。而在翻新之后，我们再分析来访的顾客层次，可以发现从20岁到50岁，分布得很均匀。60岁的团块时代顾客也有很多。

突破口是和年轻女员工的面对面讨论

川岛：一眼看去，二楼似乎变成了传达崭新形象的楼层，就是由森田恭通先生一手打造的新形象。比之前更像面向年轻人的卖场——但这样却想错了？

大西：看数据是相反的。这说明，以前的卖场用年龄区分顾客，根本是我们零售商自说自话。

川岛：确实，不管哪里的百货店，一楼是化妆品，二楼是年轻人，三楼是女孩，都是同样的楼层设置。百货店"哪层楼有什么东西"，在某种意义上正是无意识中划分了消费者。

大西：但是，如果站在顾客的立场上，单以年龄区分，无法使之感受到卖场的魅力。意识到这一点的，是在第一线工作的年轻女性员工们。她们在店铺改造如火如荼的时候，直接跑来找我，"有些事情想要直接和您讨论"。

川岛：干得漂亮！

大西：我问她们什么事，她们说，"本应该摆脱原有的框架，建造新的卖场，但是按照现在推进的计划，对于第一线而言，实在没什么真实感。客人不会高兴的。"于是我立刻和新宿店的管理团队召开会议，听取她们的意见。

川岛：这是20岁的女性们面见社长，推翻了当初的计划呀。当初的计划是什么样的？

大西：在原本的计划中，女性服饰是以中年以上为目标的三楼四楼作为吸引客流的中心，认为这样能够取得良好的成果。二楼这种面向20岁的楼层排在后面。来百货店的顾客，从年龄分布上看，多数超过20岁。基于之前的数据，当然会这样考虑。但是，采纳她们的方案之后，二楼吸引客流的能力变得非常强。不管是在定量还是在定性上，原本面向年轻人的二楼，明显变得很强。店名也是年轻人决定的。

川岛：确实，不管从哪个角度看，二楼的商品都是面向20多岁为中心的年轻人。该怎么说呢……门店、设计、商品等都很有趣。不仅有服装，还有鲜花、杂货，能令人享受到购物的乐趣。就连已经过了50岁的我也十分享受。

大西：对于新的二楼，有许多40、50岁的人，和川岛小姐具有同样的感想。百货店修建卖场的时候，不知怎么，很多时候习惯基于过去的数据得出结论。但是，这一次采纳了感性的认识，也就是卖场工作的年轻女性的意见，然后得到了很好的结果。也就是说，她们的感觉，要比陈旧的理论更加适应市场。

川岛：具体来说，您如何运用她们的意见和感性呢？

大西：通常，建造门店的时候，都是根据数据，决定将哪个品牌放在哪里。这被称为销售规划（MD）。数据来源多种多样，包括我们公司的会员卡"MICARD"的使用数据,从各个卖场的数据中分析顾客的情况,以此编制计划。但是,这些数据终究是过去的分析。而这一次,针对新宿伊势丹的二楼改造,我们将这些MD理论放在一边,采纳了年轻女性员工的意见,综合各种各样的点子,下决心建造一个没有理论规划的卖场。开业之后,获得了极大成功。

第一线的感觉比过往数据的分析更重要

川岛:女性员工们的感觉,比MD理论还有用?
大西:从结果上说,第一线女性员工的感觉更接近于顾客。在我们公司,最为重要的就是顾客的视角。是依赖MD理论,还是依赖感觉,说到底无非就是流程而已。能否挖掘出顾客的潜在需求,才是最重要的。不过正像一开始的时候我说的,日本的零售业界正在发生天翻地覆的变化。在很多案例中,以往的常识和理论都很难通用。所以,与顾客接触最多的女性感觉就成为非常强大的武器。
川岛:您的评价这么高!
大西:2014年在纽约开展的新项目,也是完全交给了20岁左右的8位女性,结果获得了非常好的成果。店里的造型师和年轻的女性员工,与顾客的接触很多,能在第一线体会到客人的感受、好恶、需求。她们的经验,正是百货店不可或缺的武器。

川岛：正是第一线的女性在创造百货店的下一代卖场。新宿伊势丹二楼的成功，可以说正是它的象征。

大西：创造百货店品牌价值的是人。店面构造和商品陈设，竞争对手可以模仿，但无法模仿的终究还是优秀的人才。我们零售业位于顾客最接近的地方。我们从来不把店面称为"卖场"。因为主人公是顾客，所以称之为"卖场"。

川岛：是啊。"卖场"是从伊势丹时代就启用的独特称呼。

大西：对于零售业来说，商业的第一线绝不是办公室，而是卖场。

川岛：虽然说第一线非常重要，但身为社长的大西先生亲自去第一线……

大西：只要时间允许，我就会去。我在"卖场"花了很多时间。我甚至曾经在"Re-style"这个门店做过一天的店长。我并不是特例。经营者亲自到卖场走访、重视第一线的经验，不是从我做社长之后开始的，而是继承的企业文化。

145人的"常青树"

川岛：店面重要、"卖场"重要，在这里工作的员工们尤其是女性造型师也很重要。这些我都明白了。不过，我还有一个疑问。

大西：什么疑问？

川岛：百货店卖场的造型师，大部分都不是员工，而是品牌供货商派来的人。外面派来的造型师，终究还是会优先考虑如何推广自己的品牌。所以，即使顾客询问，也很少会推荐自己品牌之外的商品。这种情况，与"顾客第一主义"不矛盾吗？

大西：正因为如此，所以希望增加普通员工的交流，实际我们也是这么做的。这也是管理的课题。作为百货店一方，既然是在本店工作，总是希望能以百货店造型师的身份努力工作，而不是品牌的代理。即便是供货商的造型师，也和我们的造型师一样同样担负着重要的任务。所以我们设立了包括双方全部人员的造型师表彰制度。Lumine很早以前就开始做的。

川岛：是"Luminest"吧。从全店的Lumine中评选优秀的造型师，最后选出最优秀者，加以表彰，而且会把优秀的造型师送去巴黎，亲身体会最先进的市场动向。Lumine一直在执行这个制度。

大西：说实话，对于百货店来说，这的确是很有必要的制度。我们也从三年前开始，设计了评选优秀造型师的"常青树"制度。从全国65000名造型师中挑选优秀的造型师。不管是供货商的造型师，还是我们公司的造型师，都有资格参选。2013年，基于上级推荐，一共选出61名优秀的造型师。我们将全国的获奖者召集到日本桥三越剧场，举行了表彰典礼。三年间，受到表彰的共有145人。

川岛：表彰者中，三越伊势丹集团的员工占多大比率？

大西：2013年大约占4成。获奖者在名牌下方追加了"常青树"标识，她们的积极性都有明显增加。让我深刻感受到，磨炼造型师的力量非常重要。

川岛：大西先生重视卖场——不，是卖场中造型师的力量，这一点已经明白了。那么我想，今后更会对每个造型师的能力提出更高的要求吧。那么如何提高他们的能力呢？

用录像分析工作方式，增加人员，提高能力

大西：现在在做实验性的尝试。在4处门店装了摄像头，分析造型师一天的行动。计划2014年扩大范围。

川岛：还引入了这样的措施？！

大西：造型师的工作，包括进入堆放库存的储藏间去整理库存、去柜台结算、处理票据等。纯粹接待顾客的时间，大约占整个上班时间的7-8成。其中，优秀的造型师，在第一眼看到顾客的刹那，就会读取到顾客的潜在需求，"这位客人，穿了这样的衣服，恐怕今天是要在这个楼层寻找这样的东西吧"。基于这种需求分析，便可以推荐合适的商品。分析这些优秀造型师的诀窍，寻找接待顾客的最佳方式。

川岛：大西先生是在做"第一线营业的科学实验"呀。

大西：按照传统的价值观来说，如果削减门店的人员，那么每个人对应的销售额就会提升，但我们公司的做法是在人才身上花钱。增加人员，能力的生产性也会提高。我们希望以此获得卖场销售额提升的结果。

川岛：销售额和利润都上升。

大西：是的。人员费用虽然会提高，但希望带来远远超过人员费用的利润。如果不做新的挑战，无法存活下来。

川岛：但是我听说，在企业中，不管有什么新的提案，首先都会询问"这么做能赚多少钱"。很多情况下，先用利润这把尺子测量，然后说一句"没有确证，做了也没意义"，由此驳回提案。

大西：实际上，我们公司也有同样的情况。为了改变，2013年春，设立了新的部门。在经营战略本部下面设立了Market开发部，目标是建立新的商业模式。现在改称市场开发部。

川岛：开拓新市场的专业部门？

大西：是的，以前就算想要挑战新的商业模式，也没有能够承担的部门。我就算抛出新的想法，"请做个讨论"，但在关注数字的第一线看来，很难做出改变。

川岛：因为那是全新的做法，会被问及结果成败，也会关注能否得到好评，结果就导致处处掣肘。

大西：是的。所以我想能否消除它。

川岛：听了您的分析，我发现没有新项目的开发团队确实不行，不过仔细想来，也许很多企业都没有这类部门。

能够承受巨大压力的还是年轻人

大西：市场开发部的任务是开拓全新的市场。从预算到人才，全力提供支持，而且由社长直辖。即使不能马上拿出结果，我也觉得这样不错。希望用3到5年时间，寻找百货店的新方式，也希望扩大百货店以外的事业。

川岛：既然如此，我有个疑问。就是说，脱离店铺第一线的中层管理人员以及总部该承担什么功能。这些职务都是高于第一线人员的，但却远离第一线。这会是百货店内部做出决定时出现错误的原因吗？

大西：在我们公司，这也是待解决的问题之一。中层管理和总部也有重要的任务。但是，总会忘记第一线的感觉，有纸上谈兵的倾向。而且那些理论常常基于他们自己身处第一线的时代经验，实际上是过时的。结果就会倾向于维护"以前很好"的方向。包括我自己在内，都有这个倾向，我想必须引以为戒。

川岛：迄今为止我所采访的各种领域的经营层，对于中层管理的人才都有这样的看法："受到过去的成功经验束缚，不会做新的挑战""在未来不透明的情况下，有很强的维持原状、明哲保身的倾向"。您说的也是一样呀。

大西："店长不去第一线""不去开拓新的供货商"，在我们公司内部，也常听到这样的声音。所以首先赋予中层管理预算和权限，创造出让他们自由与外部人员接触的时间、环境以及裁量权。虽然并不是非常充分，不过同时也在改革评价制度和组织结构。教育体系和人事体系尤其重要。人事评价的方法也做出修改，给予改革和挑战积极的评价，设立新的评价项目，鼓励采取行动、敢于做出新挑战的人，再将过多的层级组织逐渐简化，缩短事项审批的流程。

川岛：通风好了,脚步自然轻快,是这样的意图吧。我也看到过不少企业,如大西先生所说那样改变自身的组织结构,但我也经常听说,即便这样做,也未必能够催生出勇于挑战的精神。

大西：公司长年形成的文化,不是一朝一夕能改变的。要改变人的想法,需要一定的时间。我们委托外部实施员工教育培训的时候发现,能够面对强大压力的,到底还是年轻人。

川岛：为什么?

大西：因为一方面,他们的头脑中并没有充满过去的经验,不是顽固不化的人;另一方面,我想也有纵向组织的弊端,现在也在着手对此做出改变。

04　未来百货店的做法

川岛：百货店倾向于将品牌商业做到极致。当年的"三越包装纸",正是品牌商业的代表。也正因为如此,当品牌形象完全不同的三越和伊势丹合并的时候,说实话确实感到有些违和。那种违和感至今还有残留。那么,对于三越伊势丹这家公司,您是如何考虑店铺品牌、公司品牌的呢?

大西：百货店的品牌,和其他流通业略微有点区别。不管是伊势丹还是三越,首先会有"伊势丹"和"三越"这两个集团的品牌。然后,又有新宿伊势丹、日本桥三越、银座三越等每家店铺的品牌。如果是便利店和超市,只要有集团的品牌,店铺基本上不需要自己独特的品牌。但是百货店需要提供价值,让顾客能"专程"前来,所以在集团的品牌之外,还必须每家店铺都用心打造自己的品牌,否则顾客不会上门。

川岛：关于伊势丹,人们经常会把新宿本店单独提出来说。感觉它也背负了集团品牌形象的任务。

大西：新宿伊势丹占据了大部分伊势丹的品牌形象啊。

川岛：如果用一句话描述新宿伊势丹的品牌形象呢?

大西：应该还是服装的先进性和独特性吧。即便对男士而言，新宿伊势丹也具有独一无二的品牌力量。在继续保持这种新宿伊势丹品牌形象的同时，也必须在各个地区构筑其他各家店铺的品牌。

川岛：您说的我很理解，但也是相当困难的。要给每家店铺构筑品牌。

大西：正因为如此，我想做个挑战，也觉得这是应该做的。实际上，我曾经在某地的店铺研究改造事项。看到完成后的店铺，"对假设的理解不够深入"。

川岛：有什么地方不妥吗？

大西：我去看改造后的店铺，发现对那个地区的独特性以及作为伊势丹的独特性，体现得都不足。换句话说，刚才说的百货店品牌应有的内容，都没有达到。只是将畅销的品牌一个个排出来，缺少创造和匠心。照这样子，如果蒙上眼睛带过去，都不知道是哪里的伊势丹，而且连是不是伊势丹都弄不清楚。

川岛：一针见血（笑）。

大西：这种批评不算严厉。因为当地的顾客比我看得更清楚。要倾注全力，超越顾客对伊势丹所怀的期待，才能构筑真正的品牌，我想。

川岛：挑战本来就不轻松，还要超越期待，难度更大了（笑）。具体来说该怎么做呢？

三越有三越的品牌基因，伊势丹有伊势丹的品牌基因

大西：首先，分析集团品牌具有的基因。新宿伊势丹为了克服距离新宿站较远的不利条件，吸引顾客"专程"前来，想了很多创意，下了很多工夫，比如建设绅士馆、扩建地下食品超市等。这一次的本馆改造也为服饰强化了先锋的品牌形象。这样的伊势丹品牌形象，需要各家店铺以自己的独特形式加以吸收。

川岛：比如说日本桥和银座的三越呢？

大西：三越是日本最早进行"Department Store宣言"的地方，品牌形象中具有很强的传统与模式色彩。顾客也是以50到70岁的相对高龄较多，对于"三越"品牌具有很高的忠诚度。在重视这些现有顾客的同时，也需要不断进化，吸引新的顾客。

川岛：日本桥三越和银座三越只有2公里的距离，需要各自构建品牌吗？

大西：当然，而且要和伊势丹之间保持很大差异。银座三越位于银座四丁目这个世界第一等的土地上。因此，顾客群和新宿本店相比，更为优雅，更加成熟：三四十岁的工作人士，养育孩子告一段落、具有自我感的主妇等。这里的销售态势很好，销售额呈两位数的增长——但还是有不足。

川岛：哪里不足？

大西：银座四丁目这样的地方，是其他零售业望眼欲穿的绝佳地点。也就是说，在年度销售额2兆4000亿日元的银座整体市

场中，当然会占据一席之地。提高销售额不是目的。如果能够提供让顾客满足、享受购物的乐趣，销售额自然应该随之提高。

川岛：具体来说，您认为现在还有哪些不足呢？

大西：地下一楼食品商场的销售额非常大。这一点固然不错，但女性服装、奢侈品牌等比较弱。来到食品商场的客人，并没有在其他楼层购物。怎样才能让顾客周游商店呢？我们还没有找到答案。

川岛：新宿伊势丹、日本桥三越、银座三越，每个百货店的顾客都有不同的特点，这一点您解释的非常清楚了。正如一开始您所说的，所谓百货店，不是千篇一律的连锁店，而是以各自的特性为基础，发挥独创性的场所。

大西：正是如此。正因为各家店铺的顾客不同，所以如何在各个场馆中体现自己的个性，这是最重要的。应该还可以就此努力。

改变习惯，改变构造

川岛：百货店中70%的交易形式，是所谓的"陈列销售"。在商店中陈列的商品，只将销售部分计入采购额，剩余的商品退回给供货商。可以说，这样的形态，百货店是不承担风险的。但是看一些百货店的情况，这样也卖不出去，颇为匮窘。

大西：这是整个百货店面临的重大问题之一。店里没有卖掉 → 退

货增加 → 供货商压低生产成本 → 对生产第一线产生负面影响 → 日本的生产衰退，陷入这样的恶性循环。在供应链上，退货（=不买、不使用）增加意味着浪费，顾客也隐约有所意识。我认为，包括陈列销售这样的交易形式在内，必须探索百货店应有的商业模式，做出新的尝试。

川岛：关于这一点，三越伊势丹提出"采购构造改革"的口号，并且已经开始着手了。

大西：我们公司采购额的30%是独立完成的。但是，这只是改革的开始。我们还没找到可以自信地宣称"这就是正确答案"的东西。一方面不能放弃追求销售额的"百货店形态"；另一方面，即使沿用成长时代的成功经验，我想在今后的时代也无法适用。

川岛：三越伊势丹在东日本大地震之后设立了休息日，还缩短了营业时间，进行了各种尝试，内外的反应如何呢？

大西：如果只考虑顾客，极端说来最好是24小时营业。所以会觉得我们这些做法是给客人添麻烦。但是，没有休息日、延长营业时间，不都是从销售额至上主义发展而来的现象吗？所以，在我们这里，既设立定期的休息日，也根据各家店铺的情况，或是延迟开店，或是提早关店，缩短营业时间。

川岛：员工和供货商有什么样的反应呢？

大西：大约7到8成的员工都觉得工作轻松了。还有很多人说，闲暇时间多了，与顾客的交流也更容易了。

川岛：站在顾客的立场上，容易倾向于认为开店时间越长越好，但营业时间延长意味着工作人员的事情也会变多。

大西：开店时间增加，自然会增加造型师的负担。营业时间延长，卖场一天就不能排两班，需要排三班。因为除了营业时间增加，还有各种开店前的准备、关店后的剩余工作等。目前这些都是由供货商承担，但长远来看，我认为必须加以改变。为了在真正意义上给顾客提供优良的服务，让造型师们能够健康快乐地工作，我认为非常重要。

川岛：社会上的工作方式是转向早起型，减少加班，不在办公室工作，而是去"星巴克"工作等，发生了很大变化。所以百货店的休息日和营业时间也必须多样化吧。

大西：没错。必须针对这些变化，对应不同内容，调整劳动时间，思考独特的工作方式。休息日现在每年只有两次，下一阶段我想在2月和8月每周都设置。因为已经走到这一步了，不想后退。

川岛：大西先生，您认为10年后的百货店会变成什么样子？或者说，您希望变成什么样子？

大西：要问百货店是什么，我认为归根结底还是汇集人的地方。如果我们商店能成为"令人快乐、感动、补充能量的场馆"，那就再好不过了。

川岛："补充能量的场馆"，真是很好的描述。今后您想做什么呢？

大西：想要开辟可以称为日式奢华的领域。日本这个国家，具有悠久的历史，有许多蕴含了传统的出色事物。我想从中发掘出今后可以用于生活的东西，和创作者一同创造新的东西，送到顾客手中。如果能够不断积累，形成日式奢华的风格，我就很开心了。这不仅限于服装、杂货，更希望全面涉及生活风格的领域。

川岛：这是费时费力的工作，从效率上说，并不是很好的方法吧？

价值就诞生在费时费力中

大西：我认为，今后只有费时费力，才能产生出顾客认可的价值。我想开辟一个卖场，把所有能体现日本制造之优良的产品集中到一起。

川岛：这样的卖场可以从日本制造、生活风格的意义上展示魅力，吸引日本的年轻人，也能吸引海外顾客。

大西：加上2020年东京举行奥运会，我认为面向海外宣传"真正意义上的日本风格"非常重要。假如能占据10%的份额，我想拿出整个楼层都可以。

川岛：哎，可以这样吗？

大西：新宿本店的展示厅刚好占据全馆面积的10%左右。所以辟出一个楼层，专注于将日本的优秀东西卖给外国顾客，这种想法我认为十分可行。

川岛：新宿本店在绅士馆也做了独一无二的尝试。"salon de SHIMAJI"的商品陈列，出自周刊/月刊的前主编、现作家岛地胜彦先生的手笔，我觉得非常独特。里面还设置了雪茄吧，非常奢华的形象。

大西：这是根据岛地先生坚持的生活风格方案建造的卖场。有的客人会在这里度过2-3小时，尤其是男性。即便对象范围很有限，只要散发出足够的魅力，必然会吸引来粉丝。我从这里深深感受到，必须下工夫建造能让客人"专程"前来的卖场。

川岛：确实成了能让粉丝纷至沓来的卖场呀。

大西：是的。绅士馆整体的销售额是440亿日元，但不需要所有卖场都考虑销售额。极端地说，就算有一个楼层的销售额为零，也希望重点考虑如何发挥魅力、吸引客流。

川岛：生活风格的整体提案，本来也是百货店必须要做的事情吧？

大西：说到百货店的组织，是按女性服装、绅士服装、展示厅这些商品领域按楼层划分出来的。我现在认为，这样的划分很有问题。

川岛：从顾客的角度来看，百货店应当对生活风格给出整体提案。如果女性服装、绅士服装、内衣、服饰杂货等各类商品领域，都有各自不同的风格，看起来就不协调了。

大西：那是长年的惯例，不可能轻易改变。不过，组织结构和生活风格也快到不得不改变的时候了。

从按商品划分到按生活风格划分的店铺

川岛：具体是从哪里着手呢？

大西：首先是在成排陈列高级品的"特选区域"，成立特选、珠宝

　　　　手表综合部。这是将一个人同时用于女士和绅士两个方面。比如说PRADA，本来有两个人分别接待女士和绅士，现在则由一个人来综合对应。

川岛： 这里的秘诀，就是以PRADA这个品牌为轴心，基于阶层给出生活风格提案。

大西： 我认为，将来会需要从食品一直贯穿到LIVING，给出整体生活风格的营业部。

川岛： 我也拜读了三越伊势丹发送的网络信息"时尚headline"。视角丰富多彩，内容非常充实。

大西： 还在实验阶段，我们组建了专门的编辑团队推进。

川岛： 最后，您能聊聊最近有趣的人、事、物吗？

大西： 唔……有很多啊。在卖场巡视，看到员工们开心的笑脸，真是百看不厌。全馆休息日的第二天早上，职员的笑脸尤其灿烂。我坚信，如果身心都得到充分休息，便可以对顾客展现真正的笑容。另外，休息天漫步街头，看到新的店铺（特别是餐厅、咖啡馆），都是令人快乐的发现。

(撮影:村田和聡)

大西先生传授的五个要点

1	百货店本来就不是类似便利店的存在。如果没有喜迎顾客"专程前来"的愉快设计,不可能生存下去。
2	因为是衰退产业,"改善"之类无法生存。必须进行颠覆以往常识的"革命",创造出无比精彩的场所。
3	相比于分析过往数据来制定计划,第一线的年轻女性员工的感觉更有用处。
4	古老的组织厌恶变化,不愿挑战。社长的工作是将阻碍员工挑战的因素去除。
5	不下足够的工夫,就无法创造顾客认可的价值。宁愿减少卖场面积和店头库存也要记住,贴心的造物与接待乃是百货店的生命。

设计者的意见之二

更想创造美丽的普通
而非新颖的奇特

与和田智先生的对话
汽车与工业设计师、SWdesign 董事长

和田先生的教导

"新颖的误解"和"美丽的普通"是什么?

汽车、家电、日用品——

日本的商品很多时候不考虑消费者的意向,胡乱"改变设计"。我对这种做法一直都有疑问。

而且越改越糟的情况并不少见。

相反的极端例子则是以德国为代表的欧洲汽车。

即使经过许多年月,还是会在继承原来风格的基础上改变车型。

梅赛德斯的风格。BMW的风格。奥迪的风格。

品牌和设计紧密结合,确立自己的个性。

它和日本企业究竟有什么不同呢?

在此登场的是和田智先生。

和田智先生是出色的设计师,曾在日产汽车和奥迪工作,他的设计受到世界的广泛关注。

他一定能指出日本与欧洲企业在设计战略上的差异,挽救不知为何正在变得毫无品位的日本设计!

"创造美丽的普通"——和田先生的回答,请务必一读。

01 日本的设计太拘泥于"新颖"

日本人总是否定"历史"

川岛：和田先生在日本和德国都做过汽车厂商的内部设计师，在日产汽车和奥迪。

和田：是的。1984年大学毕业以后进入了日产汽车。在日产负责第一代风度、第一代Presea等的设计。

川岛："吃睡玩"（这是日产风度A31型销售时的著名广告词，在80年代风靡一时）象征了80年代充满活力的日本汽车。那还是和田先生20多岁时负责的汽车吧。真是厉害！您后来去了奥迪？

和田：90年代去伦敦留学，学习设计，后来从日产辞职，去了奥迪。一切从零开始。

川岛：在奥迪转眼间就崭露头角，A6、A5、Q7，等等，您设计了现在象征奥迪的汽车。2009年离开奥迪，现在是自由职业，不仅设计汽车，也从事手表等各种工业设计。您对于日本和欧洲企业，内外都很了解，我很想向您请教这样一个问题：

和田智：1961年东京生。武藏野美术大学毕业。
84年进入日产汽车。担任第一代风度、第一代 Presea 等设计。
89~91年在英国皇家艺术学院留学。98年转至奥迪 AG/ 奥迪设计。作为资深设计师兼创意经理，担任 A6、Q7、A5、A1、A7 等主力车型，设计了可以称之为奥迪风格的单幅格栅（single frame grill）。
2009年由奥迪独立，创办自己的设计工作室"SWdesign"。以在德国的汽车设计经验为中心，为"新时代的最简物品与生活"做出提案。2012年发表 ISSEY MIYAKE WATCH "W"。BALMUDA Inc. 外部设计总监。2014年被选为"日经商业・开拓未来的挑战者100人"。

不仅是汽车，今天的日本设计为什么没有"令人眼前一亮"的感觉了呢？

和田：一言以蔽之，日本企业，对设计太拘泥于"新颖"了。

川岛：哎？不能拘泥于"新颖"吗？

和田：不能。"新颖"未必代表美观，也未必代表实用。拘泥的应该是"美观""实用"，而不是"新颖"。

川岛：啊，茅塞顿开。不过，既然是工业设计，产品如果做了设计变更，没有和前次设计不同的"新颖"，不是会卖不掉吗……

"总而言之，和田先生，请做出新颖的设计"

和田：一般人都会这么想，特别是经营者。日本企业中历来都有想法认为"前所未见的东西才能卖得好"。每次与经营层和干部开会，必然都会说"和田先生，请务必设计出新颖畅销的设计"（笑）。

川岛：说得很直白啊（笑）。

和田：再进一步说，继任的经营者、继任的设计师，倾向于否定前任经营者、前任设计师产生的设计。这又是"设计必须新颖"的风潮。这不是刻板印象，而是我的屡次经验。人们总会认为，不否定前例，就显不出自己的业绩。经营者和设计师都是这样。

川岛：不仅设计师如此，经营方针也是这样……

和田："设计"就像是经营方针的具象化象征。倾向于否定前任设计的人，在经营上也是一样倾向于否定前任。现在的经营者多数都是团块世代或者更早世代的人，对吧？在这些人中，有很多都认为唯有与众不同的新东西才能畅销。

川岛：也就是说，许多日本的经营者相信，所谓设计就是"新颖=畅销"？

和田：要打破低迷的现状，就去委托外部设计师，设计与众不同的"崭新而畅销的设计"。他们都是这样的想法。没有明确的理念和哲学，只是为了赚钱。

川岛：从团块世代再往前的世代，就是65到75岁年纪的人。他们亲身经历了战后的一无所有到市场的飞速发展，所以也许形成了"新东西=好东西"的价值观。但是在商品过剩的现在，时代早已转移到下一个阶段了。

和田：我现在52岁。开始在日产汽车工作时，是80年代前期，然后一直到泡沫时代，所以我很了解高速成长末期的氛围。我在日产是高级设计师，主要负责外观设计，后来去英国留学，然后又去德国，在奥迪做设计师。我发现日本和德国"对汽车的思考方式存在差异"，这让我非常吃惊。如果一直在日产工作，我大概也会和刚才提到的日本经营者或设计师一样，认为"设计必须要新颖才行"。

川岛：不仅是经营者，日本的设计师为什么也对"新颖"这么痴迷呢？

和田：这也是关系到设计师教育的问题，日本社会更容易对新事物给出高评价，而对旧事物倾向于否定的评价。

上：第一代风度 （图片提供：日产汽车）
下：单幅格栅设计的 A6 （图片提供：奥迪）

设计师最怕的话是"你的设计太普通"

川岛：汽车设计师的世界也是这样？

和田：是的。所以，汽车设计师最怕的话就是"你的设计太普通"。

川岛：真的吗？

和田：即使以古典标准做出美观的设计，也会被上司说一句"这是谁画的，这么普通的汽车，到底为什么做设计啊，真是搞不懂"。不分青红皂白加以否定。这就是日本汽车厂商的设计现实。

川岛：那么，德国奥迪是什么情况呢？

和田：奥迪的社长、设计部长，对我说的是："做出美丽的汽车。"

川岛：美丽的汽车？

和田：是的。于是问题就变成什么是美丽的汽车。奥迪的经营者和前辈设计师教给我的不仅是汽车，更是"创造美丽的事物""创造文化"。正因为如此，设计必须融入自身的思想和哲学。

川岛：既然是"创造文化"，那就绝不能只考虑汽车设计。

和田：正是如此。那样的时代本来也已经结束了，汽车设计师只需要考虑汽车设计的时代。必须从如何看待生活的起点出发，思考如何进行汽车设计。在奥迪，我实践的正是这一点。

川岛：换句话说，汽车设计乃是"生活的设计"，而不是"新颖的设计"。

和田：对。新颖并不意味着正确，也不意味着必须。要有思想和哲学,要以生活为起点,表现这种思想或哲学。这才是重点。更通俗地说,就是要将街市的风景、民众的生活和汽车的设计协调起来。

川岛:在欧洲,根据这样的思想设计出来的汽车,销量经久不衰。

和田:欧洲原本就有丰厚的遗产。在尊重遗产的基础上,思考下一代产品的设计。这是将未来建筑在遗产上的思维方式。

川岛:与否定前例、一味追求新颖的日本设计完全不同啊。

和田:遗憾的是,在我看来,以"短期畅销"为目标的设计,犹如洪水般充斥着日本。典型表现就是一味追求巨大的汽车前灯设计。然而只瞄准新颖所做的设计,过时也会很快。回头看看,谁都会意识到这一点。然而专业的制造者自身,却对这种一目了然的事情选择视而不见。

川岛:日本的设计一味追求"为新而新",所以产生不出"美的设计""被长久喜爱的设计"。唉,真是非常有同感。

和田:我在奥迪的工作经验,让我对设计的看法发生了改变。造型师,或者说产品设计师的任务,是将企业和品牌所具有的思想与哲学进行"翻译",使之呈现出具体的形态。画画并不是设计师的工作。然而在日本,还是会有很强的倾向认为"设计必须足够新颖,足够奇特"。有件事情很好地说明了这一点。

川岛:请讲。

如果是在日本做出奥迪那样的设计,肯定会被全部推翻

和田: "A5"车型是我在奥迪的代表作之一。双门跑车。双门车和四门车不同,牺牲实用性,更看重美观。也是因为如此,这一车型在公司内部和市场上都得到了非常高的评价。我自负地认为,它引领了今天奥迪的设计,更进一步说,它是令欧洲跑车复兴的设计。

川岛: 确实很漂亮。简洁,但又完美体现出奥迪的个性。

和田: "A5"在车展上公布的时候,发生了一件趣事。

川岛: 什么趣事?

和田: 日本某个著名汽车厂家的部长来到展台,看到"A5",对我这样说:"哎呀,这汽车是很不错,不过设计有点过时了吧?"

川岛: 原来如此。这个设计当中的确没有什么"新颖"和"奇特"的地方。

和田: 问题是,"新颖""奇特"的设计是谁要求的呢?这位部长说"设计有点过时"的时候,"A5"还没有上市销售,而那之后的评价,则得到了市场销量的证明。从这件事中,岂不是能够看出日本企业设计中"求新病"有多深吗?

川岛: 仅仅追求"新颖",却完全忘记了优良设计的本质。真可怕!

和田: 不断开发"新颖"、销售"新颖"。不仅要超越竞争对手,连自己公司的产品都在一转眼间丢进垃圾桶。结果,一个个商品不复光辉,人们的感动也日渐淡薄,于是感官麻痹的消费者进而追求更强的刺激。我认为,这是日本市场的巨

和田先生的代表作，奥迪 A5 （图片提供：奥迪）

大误解。

川岛：和世界主流设计存在巨大的差异。这是非常严重的问题。

和田：代表日本的汽车企业部长，感觉是"不错归不错，就是有点过时"。他们带着这样的感觉，生产日本的汽车，自然不会尊重过去的设计。他们厌恶复古设计，即使偶尔采纳复古设计，也只是出于楷模或者致敬的目的。

川岛：80年代，包括服装在内，复古设计曾经风靡一时，但也只是短暂流行之后便结束了。

和田：说到复古设计，我还想起一件事。当年日产曾经生产过复古风格的Pike Car。

川岛：那是泡沫时期问世的"Be-1""Figaro"。在日本引发过短暂的热潮，不过很快就结束了。

和田：但是，欧洲汽车厂商注意到了日本的Pike Car热潮。他们想到，"我们是不是有点太追求新颖了"。

川岛：哎，还有这回事？

Mini、Beetle等欧洲的复古设计，都受到日本热潮的启发

和田：当时的日本，借鉴了"旧日汽车"设计的Pike Car，其实也是"新颖的一种"，但欧洲厂家从中发现的却不是"新颖"，而是"制造重新审视立足点的汽车"。

川岛：这是多么讽刺的事情啊！不过，即使在日本，好像也有从复古浪潮中培养出来的品牌。比如马自达的双座敞篷车

上：日产 Be-1 （图片提供：日产汽车）
下：日产费加罗 （图片提供：日产汽车）

"Roadster"（在北美称为Miata），是90年代以来欧洲厂商参战的敞篷车领域先驱吧？

和田： 是的。"Miata"的原型据说正是当年的一代名车、60年代的"Elan"。欧洲的厂商看到"Miata"的非凡成功，想起了"Elan"具有的敞篷车魅力，就在设计中融入了Elan的信条。

川岛： 日本汽车厂商在80年代末的复古浪潮，成为欧洲厂商回顾"过去设计"的机会，这真是相当有趣。

和田： 大众集团的设计总监瓦尔特·德·席尔瓦这样说过："设计师需要认识到，在设计中，'传达感动的概念'非常重要。"

川岛： "传达感动的概念"，并不是不断给出"新的设计"吧？

和田： 是的。实际上，欧洲厂商进入90年代后，不断复活往昔名车的现代版本。比如说大众汽车的"甲壳虫"

川岛： 甲壳虫推出的时候，日本都觉得像是Pike Car……

和田： 但是大众汽车没有让新生的"甲壳虫"一闪即逝，而是用心培育，在重回现役的目标下修改设计。修改设计时，也是仔细斟酌当年的设计，将值得继承的加以继承，需要修改的进行修改。

川岛： 英国的"Mini"也是如此。

和田： 是的。BMW集团收购了曾在60年代大为流行的Mini的权利，将自家公司产品线上最小型的车Segment也交给了"Mini"。"Mini"现在已经是BMW集团的主要车型之一了。这也是在继承"Mini"设计思想的基础上做出设计变更的结果。

上：第一代马自达 Roadster （图片提供：马自达）
下：新旧大众甲壳虫 （左为最新款 右为 1996 年款 图片提供：大众）

川岛：也就是说，继承古老设计的汽车，不断捕获新的顾客……日本车中，这样的品牌很少见。我周围的女性朋友们经常说，相比于如今的日本车，更喜欢继承了复古设计的"甲壳虫""Mini"，在年轻人中也经常听到这种说法。年轻人通常被认为是"放弃汽车"的一代。他们不喜欢日本的汽车，反而憧憬欧洲的汽车，这也是因为"传达感动的概念"清晰回响的缘故。

和田：就个人而言，"Mini"、菲亚特的"Fiat500"，以及想要驾驶"Fiat500"的年轻人，有种"正统派"的感觉，令人觉得很愉快。我非常喜欢年轻人驾驶具有美感的"Mini""Fiat500"或者"Wagon"的东京风景。对"过去"表示敬意，在解释"今天"的基础上，设计"未来"——在为奥迪工作的过程中，我逐渐认识到这就是设计的工作。

川岛：设计师的任务是将过去的遗产与今天调和，传递给未来。

和田：所以，我设计的汽车，并非我的独立设计，而是过去的设计积累通过我而创造出来的。

川岛：拘泥于"新颖"，也是"缺乏对过去的敬意"。这样的话，做不出好的设计。

上:现行 Fiat500 (图片提供:菲亚特)
下:现行 BMW Mini (图片提供:BMW)

02　可以不要再开 minivan 了吗？

汽车是城市设计的一部分

川岛：在东京，我感觉汽车的存在意义正在一点点减弱。和田先生是怎么认为的？我经常听到年轻人对汽车没有兴趣的说法。

和田：确实有这种说法。而且日本车的大部分销量，不管大小，都是所谓的minivan。

川岛：minivan。我对汽车不是很熟悉，完全不知道是哪个厂家的哪种车（笑）。

和田：对汽车熟悉的人也很难把厂家和车型区分出来。这就是我想说的。"日本的诸位，可以不要再开minivan了吗？"

川岛：哎，为什么？

和田：说起来有点话长，要说吗？（笑）

川岛：请请。

和田：我认为，不管什么时代，汽车都是与人们的生活和社会紧密连接的东西，即便年轻人叫喊着要离开汽车。

川岛：什么意思？

和田：因为汽车本身是半公有的存在。即便是个人购买、停在自己家车库的汽车，一旦上了路，那形态便成为"公共风景"的一部分。虽然号称要离开汽车，实际上道路上从来不缺少汽车的身影。汽车已经成为文明风景不可欠缺的要素之一。简单来说，汽车就是"运动的建筑"。

川岛：运动的建筑，这话说得妙。建筑本身正是城市与社会的基础设施、硬件、公共物品。

和田：没错。建筑也不是单独存在的，它们在与人发生关系的同时，连接了城市与社会。在这个意义上，汽车也是建筑的一部分。建筑、汽车、地铁、自然、人类……各种要素编织而成的综合体，便是城市的风景、情绪、散文。在这层意义上，汽车负担的任务超越了单纯的"个人物品"。

川岛：硬件层面当然不用说，在软件层面上，汽车也担负着"交通"的职责。所以不管是谁的所有物，汽车的确是具有公共性质的东西。

和田：另一方面，城市的形态与汽车的定位，不同国家有不同的情况。仅仅比较日本和德国，就有深刻体会。我在奥迪工作的时候，住在德国的慕尼黑。慕尼黑和东京一样，在第二次世界大战后，很多地方都变成了废墟，不得不从零开始重新构建城市。所以慕尼黑的起点和东京非常相似。但是，今天的慕尼黑，和东京的景色完全不同。

川岛：欧洲自古以来的风格，就是街道景色井然有序。

和田：确实如此。德国人希望慕尼黑返回到旧日的古老模样，他们从零开始再次构建古老的街道。与之相较,东京则不愿回顾过去,只顾追求新颖,恣意生长,像是细胞的无计划分裂一样,结果导致了现在这样混沌无序的街道。

川岛:一方是试图恢复城市的历史和形态;另一方是抛弃历史,放纵无序地追求新颖。哎呀,这和前面和田先生解释的德国车与日本车的设计差异不是一样的吗?

兼顾道路与历史的设计

和田:这不是哪个好哪个不好的问题,只是德国和日本各自选择的设计之道罢了。是回顾历史、尊重历史、将公共性置于头脑中;还是忘记历史,一味追求新颖?

川岛:和田先生的意思是,设计不能在一片漆黑中追求"新颖",要在尊重过去的遗产基础上,面对未来给出提案。既然如此,是否可以说,日本的战后城市设计、建筑设计、汽车设计,全都"欠缺历史性和公共性"?

和田:我是这么认为的。比如说,汽车的发动机罩会映照出周围的景色。当汽车行驶起来的时候,映照的风景也会不断变化。驾驶汽车的人,不知不觉间,就会通过汽车看到城市与社会的风景。相应的,在路上的行人眼中,行驶在道路上的汽车,也是风景的重要一部分。驾驶汽车的人看道路是风景,道路上行走的人看汽车是风景。所以,汽车设计当然要兼顾道路与历史。这就是我在奥迪学到的经验。

川岛：听您这样一说，深有同感。

和田：但不幸的是，日本厂商的设计师中，可以说没有一个人意识到汽车设计的公共性和历史性。

川岛：真的吗？

和田：设计师基本上都是自我主义者。"这是我设计的汽车"，这种意识非常强烈，所以有时候就会太突出自我。如果缺乏"汽车的公共性与社会性"的思想输入，设计出的东西就会游离在城市和社会之外。

川岛：换言之，设计师只是完成了一个产品，并没有自觉地意识到需要和街道、历史、风景协调。

德国厂商的公司内部没有"派系"

和田：日本很多厂商，组织形态会成为设计障碍的主要因素。哪怕是很糟糕的设计，只要设计部长盖了章，下属设计师绝对不会说"不行"。换句话说，不会说"No"。这一点在德国就行不通，会被打上标签，认为不会说"No"的人做不好工作。

川岛：一个劲儿说"No"就对了？

和田：那也不对。光说"No"也不行。如果不能合情合理地解释"为什么No"，而且不能提出替代的方案，那也不行。日本人可能不太擅长这一点。德国社会非常严格，如果不能明确表达自己的意见，含糊其词，就会被赶出团队。这种方式虽然

奥迪 RS 系列的产品线。尽管车型不同,但都体现了奥迪的一贯设计(图片提供:奥迪)

严格，但也是十分诚实的工作方式。诚实的企业自然会得到良好的评价，对于优秀的设计，也会给出恰如其分的评价。

川岛：国家影响设计。在德国企业和日本企业中，设计负责人的做法也有区别吗？

和田：我们可以从奥迪的汽车产品线中看出设计具有一贯性。这是奥迪，设计有着明确的个性。

川岛：确实如此。不仅奥迪，梅赛德斯-奔驰、宝马这些德国的顶尖品牌，全都具有自己的独特风格。谁看都是奔驰、谁看都是宝马。

和田：为什么会这样呢？这是因为，经营层具有绝对优势的领袖性和领导力，高层的意见贯彻到整个公司，所以设计也不会有偏差。

川岛：日本不是这样吗？

设计上反映了领导力的匮乏

和田：完全不是这样，我认为。奥迪属于大众集团。当年的奥迪和大众的CEO是费迪南德·皮耶希先生。皮耶希先生作为集团领导人，从各品牌的理念到设计，都能给出明确的判断。不仅是能否畅销的问题，包括如何看重德国汽车、汽车如何带给人快乐等问题，他都给出了清晰明确的回答。真正的领导力大约就是这样的。现在，皮耶希先生的左膀右臂文德恩继承了他的意志。

川岛：大众集团非常庞大。集团下面不仅有奥迪，还有保时捷、宾利、兰博基尼。日本的企业规模一旦变大，必然产生出不同的派系，派系斗争又会导致方针摇摆不定。

和田：令人惊奇的是，尽管大众集团规模庞大，却没有产生派系。原因之一，我想是因为有皮耶希先生这样自主型的、具有强大领导力的经营者存在吧。在日本，即使是像丰田汽车这样的自主型企业，也很少出现高层挥舞旗帜，整个公司就能应声而动的情况。如果公司领导是外聘的职业经理人，那就更不用说了。欧洲企业的一大特征就是股东与公司高管紧密连接在一起，贯彻明确的经营方针和设计理念。这一点不限于汽车行业。

川岛：在日本，如果是汽车厂商这么大的企业规模，很少会有公司高层往下推行决定的情况。对于普通员工来说，高层是云霄之上的存在，说得极端点，有种"和我无关"的倾向。高度成长期倒也罢了，在迎接时代转换点、看不到前方道路的时候，如果没有能够给出明确方针的领袖，整个企业就会找不到方向。我在家电行业也看到这种情况。

和田：领导力的匮乏，也反映在设计中。

川岛：明白了。那您为什么说"别再开minivan"呢？

和田：又把话题绕回来了（笑）。原因很简单。光有minivan汽车的风景不够美，开车的人也显得不够酷。

川岛：不够美，不够酷！

和田：我在某个地方一直住到2013年，那边房子前面刚好有个青少年棒球场，一到周末，就会看见父亲们开着minivan送孩子过来。那幅景象，感觉像是父亲沦落成孩子们的司机一样。

川岛：哈哈哈。

minivan太泛滥，日本不够美

和田：我记得自己小时候，我父亲开的是五十铃汽车的"BELLETT GT"。那是当年的跑车。我记得很清楚，父亲开BELLETT带我出去兜风。在幼小的心里，觉得自己的老爸真酷呀。

川岛：很酷的父亲形象与汽车形象在记忆中重合了。

和田：是的。我父亲是电子工程师，平时很忙，不常在家，但是偶尔带我出去兜个风，就让我感觉"很酷"。我们这一代人，如今都是50多岁了，在我们看来，汽车的心灵景象 正是父亲、爷爷、哥哥开车的身影。那是"很酷"的回忆，饱含憧憬。可是，现在的minivan，能给孩子们这种"很酷"的心灵力量吗？

川岛：因为母亲变得很强势吧（笑）。

和田：确实，选择汽车的决定权完全掌握在母亲手上，很可能说"某某朋友家里也是minivan，我们家当然也选minivan"。老爸的威严，也许和minivan的泛滥一起消失了（笑）。

川岛：在今天的日本，诸如强大的父亲形象这类东西，正在逐渐消亡。如今母亲对孩子的影响力占据绝对优势。

和田：我认为，一个孩子，能从让他骄傲的父亲身上学到很多东

和田先生父亲的爱车,Bellett 1600 GT　（图片提供:铃木汽车）

西。德国是什么情况呢？德国的老爸们，就像是以往的日本那样，充分保持着父亲的尊严。父亲说的话，全家都很尊重。我在奥迪时代的德国人同事家里就有这种感觉。

川岛：家庭的形式，影响了汽车的选择方式——您的意识是，到处都是minivan的日本风景，象征了日本父亲形象的变化。

和田：再进一步，就像是我前面说过的，汽车是城市风景的一部分，是运动的建筑。从这个角度看，只有minivan的街道，显然无法称之为美丽。当然，我不是否定minivan的合理性，但是相比于街头巷尾全都是minivan，如果sedar、coupé再多一些，让人感觉这样的城市更加美妙、和谐、富有多样性，更像是成熟的社会。我之所以忍不住说"可以别再开minivan了吗"，正是因为这个原因。

川岛：可能还有别的原因：日本的少子化趋势愈演愈烈，到底能有多少机会有效使用七座的minivan呢？（笑）对了，汽车行业正在开展能源革命。以丰田的PRIUS、AQUA为代表的混合动力车，电动汽车（EV）等纷纷抬头。和田先生，像EV之类的新能源汽车，您是怎么看待的呢？

EV需要和家庭一体化设计

和田：说到日本的EV，获得了"Car of the Year Japan"的日产LEAF是其中的代表吧。不过，我所设想的EV，并不是像LEAF那样，将以往的汽车发动机改成电动机的汽车。

川岛：哎，那是什么样的呢？

和田：我认为，对于EV，需要超越"汽车"这个束缚去考虑。EV通过电流驱动，需要每天晚上在自己家里充电。既然如此，是否应该从一开始就把EV视为"家庭的一部分"呢？EV没有尾气，开到家里也不会污染空气，还能使用夜间电力充电，停电的时候还能当作紧急电源。那么能不能把EV视作家庭的扩展手段？换句话说，不要把EV停在房子外面，而是开进家里，把车库放到玄关里面来，或者说干脆放到房子里面。

川岛：哇，好有趣的想法。

和田：您想想古时候的日本房子，有"土间"这个地方。装着货物的大车可以从外面直接进入土间卸货。同时土间也是厨房，可以做各种家务。

川岛：土间是联系屋内屋外的生活场所。您的意思是说，汽车直接开到土间？

和田：是的。说不定古老的日本生活中的土间风景，能在今天的时代获得重生。虽然土间不算气派，也并不奢华，但却可以诞生出美丽的生活景致。"EV开进家门"的想法中，包含了这样的可能性。

川岛：汽车与家庭一体化设计的时代迟早会来临的。

现在老板还在说"设计经营"的公司很难继续维持

和田：我参与过某个厂商的EV项目。当时是和建筑师一起工作。受到他的启发，我的设计想法从单个产品扩展到整个城市，和城市该有什么形态的思考联系在一起。我们会思考首都高速的景观和功能，想象100年后的未来东京，想象首都高速会变成什么样、能源会是什么、汽车设计会变成什么样子……汽车和城市计划自然而然地密切联系在一起。

川岛：话题从EV拓展到这么广……

和田：日本的汽车厂商，如果不能突破旧有的企业体制，即便不断推出次世代汽车，也没有任何意义。现在登场的EV车，也可能在10年后变成大件垃圾。如果不能创造新的价值，我觉得EV没有实际存在的意义。不仅是Hetian EV，所有汽车我认为都面临这样的状况。

川岛：经营愈发需要设计了呀。

和田：是个人都会这么想，但是想的不对。事到如今老板还在说什么"设计经营"的公司，很难继续维持下去。

川岛：哎，完全推翻了前面的说法（汗）。

03 现在才说"设计第一"的公司，岌岌可危

设计至上主义已经落伍了

和田：现在再说"设计是经营的中心"的经营者和公司，已经落伍了。甚至可以说岌岌可危了。

川岛：为什么？

和田：请您想想看。原本对设计不屑一顾的经营者，突然大喊"今后要设计经营"，又能代表什么呢？最多就像是一开始说的那样，想要"新颖奇异的设计"。而在那种意义上的"新颖设计"，委实毫无新鲜之处。

川岛：原来如此。

和田：所以，我宁愿说"设计经营的时代已经结束了"。设计这个词，我不想和经营连在一起用。对于经营而言，现在需要的是"设计"之前的"感觉"。

川岛：和田先生是在80年代前期去日本的汽车公司做设计师的吧？当时情况是怎样的呢？

和田：实际上，70年代末，在我的母校武藏野美术大学，教授们教

育我们要抓住"本质",而不是"新颖",要以几十年也不会褪色的设计为目标。早在那个时候,美术大学的教授们便喊出了"新颖"即陈旧的口号。然而进入社会之后,却发现公司对设计师的要求完全是相反的。

川岛:总之就是要求做出"新颖"的设计。

和田:不要说不会褪色的设计,连仔细欣赏的时间都没有。拼命做设计、生产新产品,那就是设计师的任务。只要眼前的市场能接受就行,只要好玩就行,结果就是昙花一现的设计来来去去。汽车设计也不例外。

川岛:您就是在那种情况下,参与初代CEFIRO的设计呀。

和田:大多数设计师都不知道应该追求什么了,被弄得疲惫不堪。80年代,不光是汽车,各类商品都在全方位追求"新颖"的差异化战略。那是大量生产、大量消费的时代。当然,那段时间也在诞生性能优良的作品。但在泡沫经济破灭以后,那种做法便与企业的合理化一起轰然崩溃了。

川岛:日本产品的设计失去魅力,刚好也在那个时期。然而商店里至今依然弥漫着大量生产、大量消费的气氛。最典型的就是大型家电量贩店,堆满了各种商品,简直多得可怕。每个商品都以新颖作为卖点,光在店里走走就觉得很累,可是能让人"想买"的东西少之又少。

和田:大量生产、大量消费的时代,早在20年前就已经差不多结束了,然而大部分日本企业还以为齿轮依旧在运转。

川岛:该怎么做才好呢?

和田：我认为，唯一的办法，不是仅在表面上将设计融入商业，还要在更为本质的经营层面上融合设计。

韩国的起亚汽车聘请奥迪的设计师做社长

川岛：能再解释解释吗？

和田：一句话，是不是将设计置于经营的"中枢"位置。在这一点上，我认为韩国远远领先于日本。我在奥迪时的上司，设计师彼得·希瑞尔，现在是韩国现代集团起亚汽车的社长。

川岛：哎，设计师做社长？

和田：在日本人看来，这种情况很令人吃惊吧。这种令人震惊的公司最高层人事安排，起亚汽车做出来了。他们挖走了奥迪设计部门的标志性人才，不是请他做设计总监，而是直接请来做社长。

川岛：打个比方，就像是古老的日产汽车邀请从奥迪独立出来的和田先生担任社长一样。真是太厉害了。

和田：起亚汽车明确展示出这样的姿态：将设计置于经营的中心。所谓将设计融入经营，本质上就是这个意思。日本企业没有一家能做到这种清晰的判断。

川岛：听您这样说，我再次感觉到，韩国企业的设计经营比日本领先了好几步。三星、LG也都将设计置于经营战略的中心位置，起用国内外的顶尖设计师，通过"差异化设计"，在欧美市场广受欢迎。相比之下，日本的厂家显得缺乏策略。不仅是汽车业界，不管哪个厂家，基本上没有设计师出身的董事。

和田：照这样下去，我想日本企业将不会再受到世界的尊敬。

川岛：设计师具有能将语言或概念加以成型的强大力量。企业应当更加善用这一武器。

和田：的确如此。能够令自己的思想成型，是产品设计的力量。我在奥迪的时候，我的上司设计师瓦尔特·德·席尔瓦说过，"你具有的协调感觉非常出色。你要好好对待你的父母啊，对他们生你养你满怀敬意"。那时候我相信，"啊，我的力量在于造型。"

川岛：真了不起。

只顾赚钱的企业，10年就会倒闭

和田：和瓦尔特那样优秀的创作者一同工作，让我心中的造型感觉苏醒、成长。本来在奥迪的工作就是非常严格的。

川岛：每天都在战斗？

和田：对，没时间放松心情。永远都是紧张、紧张、紧张。无论如何，那是与自己的战斗。不过现在回头去看，深深感到在那里的锻炼是无法衡量的财富。2013年，"大众·高尔夫7"的发布会在日本举行，设计了第一代高尔夫的乔盖托·乔治亚罗、瓦尔特·代·席尔瓦和我三个人做了脱口秀。

川岛：Gorgeous式的节目吧，主角是设计师。放在日本，有点难以想象。

和田：为什么在21世纪初，瓦尔特给我这个日本人各种挑战性的任务？这个问题到那时候才得到解答。瓦尔特的想法是：今后的汽车世界将会是亚洲中心的时代，正因为如此，希望能让欧洲这个汽车诞生地的优雅、汽车的重要元素，由亚洲的设计师继承下去。

川岛：把欧洲与亚洲通过设计连接起来的任务托付给和田先生了？

和田：是的。那么，瓦尔特希望我怎么继承呢？归根结底，还是创造"美丽的东西""能够打动人心的东西"，否则就是糟蹋了奥迪的品牌。也就是说，设计不要被眼前的利益迷惑。

川岛：这一点在日本企业中有点难啊。经营层肯定会说，需要能带动销量的设计。

和田：但是，我认为，今后的时代，只顾赚钱的企业不出十年就会倒闭。以生产更优秀的产品，对人类、对社会做出贡献为目标的企业，和只顾赚钱的企业，会走上完全不同的道路。

川岛：企业必须成为人们和社会尊敬的存在，您是这个意思吧。那么和田先生您认为该怎么做才能达到这个目标呢？

和田：在急速发展之后，日本已经在某种程度上步入成熟期了。今后必须去做的，应当是对于发展中的亚洲国家，提出"文化是什么"的问题。今后的日本，必须成为真正意义上的头脑国家。要明确展示自身的愿景，以言出必行为宗旨。我希望将那样的愿景体现在设计中。

04　设计是社长的工作

由社长直接委托的工作，进展都很顺利

川岛：和田先生从奥迪独立出来是在2009年，然后作为自由设计师，参与了从汽车到手表等各类商品的设计。作为外部设计师参与到企业中的时候，能够顺利推进项目的企业，和推进不顺利的企业之间，有什么样的差异呢？

和田：差异非常明显。由社长直接委托的工作，基本上进展都很顺利。

川岛：能举几个例子吗？

和田：三宅一生请我设计手表的时候就是那样。社长北村绿先生直接与我商谈。

川岛：三宅一生请您设计手表？

和田：是的。所以我想设计一款能够吸引不同人群的手表，和之前三宅一生的顾客群有所区别。

川岛：三宅一生的品牌很有历史。长期以来，积累了许多拥趸，也有明确的形象。在服装界有着"PLEATS PLEASE"这类大受欢迎的系列。当然，也会有人对这样的三宅一生不感冒。手表就是为他们设计的？

和田：三宅一生是日本的一线设计品牌，也是最早被世界认可的品牌之一。它的顾客也都热爱这个品牌的形象和历史。

川岛：换句话说，品牌的定位非常明确。

三宅一生的社长说："和田先生，请您尽情发挥"

和田：所以在最初的商谈中就提出，要用手表的设计来向那些三宅一生既有顾客之外的人群传达这个品牌的精彩之处。

川岛：所以就选中了身为外部设计师的和田先生。这样一来，就是要破坏三宅一生现有的形象，将和田式的设计融入手表……

和田：不不，正相反。北村社长是这样对我说的："不要设计概念手表。"

川岛：三宅一生既然委托了和田先生，为什么又这样说？

和田：我的想法是，"设计一款自己每天都会戴的手表"。换句话说，三宅一生的手表能够"日常佩戴"。这就意味着不能追求概念性的、时尚性的设计。

川岛：身为社长的北村先生有什么反应呢？

和田：他当即理解了我的意思，告诉我说："和田先生请尽情发挥。"

川岛：气量真大！

和田：当然，这也不是说我随便怎么做都行。经营者一直在思考自己公司的产品理念，设计也是其中的一环，所以社长可以和

和田先生设计的 ISSEY MIYAKE W SILAY003 （图片提供：精工 NEXTAGE）

设计师直接交流，也可以亲自做出判断。优秀的设计，正是在那样的经营者手中诞生出来的。所以说，社长委托的工作是不会偏差的。

川岛：那么，反过来说，如果公司领导不理解设计……

和田：情况各有不同，不过的确会有盲目设计的情况，比如否定设计师提出的设计等。那种公司往往都是高层和设计师没有共享设计理念。在那样的组织里，很难出现"优秀的设计"。

川岛：被您这么一说，想起了许多类似的事情（笑）。那么，三宅一生的手表设计是基于怎样的理念呢？

和田："要漂亮。"这是我的结论。

川岛：漂亮？

和田：不标新立异。简单。可以日常佩戴。能够经受时代的变化。这些听起来就是"说得漂亮"。但是，经久不衰的优秀设计，说到底就是体现这些"漂亮"的设计。

川岛：确实！不管是汽车、家电、服装，都是如此。所谓"常备"，就是一直受到喜爱的"漂亮"设计。

和田：手表每个人都有。如果只是为了确认时间，手机其实更准确。所以开发新产品的时候，自然就会想到"通过设计体现差异"。但我认为，是否可以回溯手表原本的功能，将刚刚说的"漂亮"设计，通过三宅一生的手表来实现呢？当然，这个目标很有难度。

不动手,设计永远不会变成产品

川岛:一切工业产品都有撞车的问题。家电就是典型。谁都要使用家电,而功能的提升基本上也都遇到了瓶颈。所以只能通过细微的设计差异来区分,然而结果是产生出无数设计丑陋的产品……

和田:是的。所以我想回到用户的立场。我想要的是什么?是奇特的设计?是人人羡慕的品牌?不是。我想要的是低调、普通的"手表"。这个项目的名字之所以叫"W",也是希望它能成为"手表=Watch"的代名词。

川岛:这样的本质论,在大企业里真的是"说得漂亮"呀。

和田:在日本,年轻设计师的设计总会被认为"说得不够漂亮"而被否决,对吧?但我是年过半百的资深设计师,在日本和德国的大公司里积累了深厚的设计经验。大约正是因为这样的资历,我才能"说得漂亮"吧。无论如何,我认为当今设计最需要的正是"漂亮"。

川岛:设计变成单纯差异化的工具,这一点很奇怪。

和田:设计以及设计师所承担的责任,也包含与社会的密切关联。不过,产品周围的环境很严格。因为现在的商品太过富裕,所以会有通过肤浅的差异化来竞争的倾向。但设计应该具有更为本质的力量。

川岛:为什么设计会变成这种肤浅的差异化工具?归根结底,还是企业经营的问题吗?

和田：也有企业的问题，但设计师也有一部分责任。现在的设计师"不动手"。这个问题很大。

川岛：不动手？也就是说，全都在电脑上做设计？

和田：是的。汽车也在朝这个方向发展。现在的设计师，基本上都在电脑上进行设计。而从前的设计师是通过自己的身体和手去工作的。一比一的图纸、实体模型等，都要自己亲手做出来，自己切割素材、打磨模型。设计因而成为身体的工作，驱动自己的身体去画。汽车的比例、形象，都会具体地融入到设计师心中。

川岛：那种身体上的设计工作，在IT的发展与合理化、效率化中，收到电脑里了。

和田：设计能在电脑上做，也带来了很多好处。我也在用电脑做设计。但是，所谓工业设计，到最后必然要变成具体的"东西"。一直都处于"信息"状态，那不是设计。要从自己的经验出发，用自己的双手和身体直接做出来的东西，我觉得才孕育了活力。唯有真正做出来，才不是纸上谈兵，才会成为真理般的东西。正因为如此，设计不能离开"手工作业"，这是我一贯的观点。要做出有生命的东西，不用手是不行的。否则，设计就会变成肤浅的道具。

川岛：奥迪的设计也是用"手"来做的？

和田：我在奥迪设计"A5"的时候，特意做了全尺寸的图纸设计，就是希望尽可能用手和身体去做设计。

川岛："A5"在2010年获得了德国最重要的德国最佳设计奖。这正是通过手和身体做出的设计。

JINS眼镜的社长直接发来邮件

川岛：对了，和田先生宣布与JINS眼镜的合作，是个很热门的话题。

和田：其实是JINS的田中仁社长亲自给我写了邮件。

川岛：这正是"公司领导直接和设计师商谈"的案例。

和田：是的。田中社长围绕工作任务和我做了深入的交流。他将明确的愿景放在中心，思考如何通过商业手段去实现那样的愿景。通过新型眼镜的普及，对社会做出具体的贡献——我对田中社长的想法产生深深的共鸣，很想作为设计师参与到项目中去，贡献自己的一份力量。

川岛：会诞生出什么样的眼镜呢？现在还是秘密吧。

和田：我说说能说的吧（笑）。在JINS的门店，我首先感觉到的，是那些浏览眼镜的孩子们显得"非常幸福"。商品的价格绝对不高，算上镜片，10000日元之内完全买得到。那么是不是应该生产具有设计感的眼镜呢？带有"Designed bt Satoshi Wada"标识的眼镜怎么样？我想是不行的吧。

川岛：和三宅一生的手表案例类似。为什么呢？

和田：就算在JINS的门店里放出以设计为卖点的眼镜，也只是短时期内的消费。就算设计出异常精彩的眼镜，大概也就能在网上保持三个月的热度，卖一段时间也就过去了。不管再怎么

　　　　热门，寿命也不会长久，那也就无法响应田中社长提出的课
　　　　题，"通过眼镜对社会做出贡献"。
川岛：不用设计来做眼镜的竞争——对于和田先生的这份提案，田
　　　　中社长有什么反应呢？
和田：似乎有点吃惊。
川岛：既然是委托和田先生，预期当然是简洁而富有个性的设
　　　　计吧？

目标是"美丽之普通"

和田：一开始可能是那样的预期吧，但这种精彩的、容易理解的象
　　　　征性设计，我认为现在是很危险的。象征性的时代已经结束
　　　　了。如果做出那样的设计，反而会破坏JINS这个品牌。我认
　　　　为不能这样，而要做出能成为JINS新标杆的眼镜。
川岛：新标杆？
和田：就是"美丽之普通"。
川岛：美丽之……普通？
和田：白T恤，朴素的牛仔裤，煮的白米饭。身边的、每天的生活
　　　　中接触的东西。我所说的"美丽之普通"，就是这样的东
　　　　西。所以也想在眼镜的世界表现"美丽之普通"。这就是我
　　　　在JINS的工作中所做的。经过慎重考虑之后，我告诉田中社
　　　　长，我想设计惠灵顿式的眼镜。
川岛：惠灵顿式的？它可以说是眼镜最基本的设计元素，全框架

式的。

和田： 我不是说想让惠灵顿式重新流行起来，而是想通过新的眼镜，让田中社长的世界观、让JINS的世界观扩展出去。契合田中社长这种想法的设计，就是"美丽之普通"。既然如此，不妨就从古典的、无人不知的"型"入手，创造新的标杆。这就是惠灵顿式的由来。

川岛： 不是设计单独一件商品，而是通过眼镜的设计，塑造JINS企业品牌的形象？

设计进入"思考的时代"

和田： 是的。这也是企业品牌的设计。我认为，设计不仅仅是描绘商品的工作。设计已经进入了"思考的时代"。重要的是，设计者的想法和思想，能否通过设计，传达给消费者。设计就是这样的交流媒介。所谓设计商品、设计企业，到底是什么意思？我希望在JINS的工作中为"美丽之普通"赋予形式，通过这样的实践来回答这个命题。

05　想要创造"美丽之普通"

大一的时候,被乔治亚罗的熊猫打动

川岛：和田先生视为目标的"美丽而普通的设计",举例来说,是怎样的设计呢？

和田：我第一次见到"美丽的普通"是在1981年,那是《CAR STYLING》杂志的乔盖托·乔治亚罗特辑。那时候我还是武藏美的一年级学生。虽然还不是很了解汽车设计界巨人乔治亚罗的名气,但那特辑上刊载的"FIAT Panda"的设计还是让我大受冲击。简单的直线与平面构成的车身,虽然是30多年以前的作品,如今看来,也丝毫不显过时。既"普通",又"美丽",不正是产品设计的理想吗？将我领上汽车设计之道的,正是Panda这种"美丽之普通"。是的,乔治亚罗创造的设计的世界观,正是"美丽之普通"的范本。

川岛：经您这样一说,Panda的设计果然很了不起。没有夸夸其谈的曲面,也没有咄咄逼人的主张,完全由直线构成,然而又不是简单的箱子。那正是看一眼就忘不掉的"形状"。即便是对汽车很不了解的我，也能产生共鸣。所谓超越时代的设计，指的正是这样的东西吧。

和田：这种简单的直线设计，正是乔治亚罗创造出的"新颖"。实际上在Panda之前，乔治亚罗还设计了更为家喻户晓的车型。那就是第一代大众高尔夫。

川岛：高尔夫也是乔治亚罗设计的吗？！它可是小型两厢车的鼻祖呀。一项设计创造了整个汽车市场。

和田：是的。乔治亚罗创造出的两厢车设计，是谁也未曾做过的"新颖"汽车。同时，这一设计，也在汽车世界成为一个标杆，换句话说就是"美丽之普通"。单纯的"新颖"当然也有可能畅销，但是大部分"新颖"其实都是暂时性的"奇异"，很快就会过时。要在世界上成为引领时代的起点，需要的就是能将"美丽之普通"的"新颖"具象化的设计师。这种人是百年罕见的天才。

川岛：乔治亚罗正是百年罕见的天才。那么，和田先生也要成为下一代的乔治亚罗……

和田：怎么可能！我继承不了乔治亚罗。我想说的是，设计师应该对"新颖"保持谦逊。真正的"新颖设计"，是像高尔夫和Panda那样，能够引领下一时代的"美丽之普通"。可惜的是，所谓"新颖的设计"，大部分都只是单纯的奇异设计、单纯的"新奇设计"。

川岛：最近的日本车，很少出现能说是"美丽之普通"的设计。

大众的"Polo"算是今天最好的车型

和田：很遗憾，从设计的观点来看，除了很少的例外，我认为大部分路上的汽车都有问题。汽车是街道风景的重要组成部分，它们的设计带有公共性的侧面。我想，今后汽车必须要让街道变得美丽。

川岛：顺便问一下，您见过乔治亚罗先生吗？

和田：刚才说过，我们一同出席了新型大众高尔夫的发布会。当年的上司，大众集团的设计总监瓦尔特·德·席尔瓦先生来日本的时候，我也一路陪同。

川岛：当时的情况怎样？

和田：我十分激动，告诉他说，大学时代在杂志特辑上看到了他的设计，让我走上汽车设计师的道路，直至今日。

川岛：像是和初恋对象相遇一样啊（笑）！

和田：我趁机把珍藏的乔治亚罗那一辑《CAR STYLING》带去，请他给我亲笔写了留言！

川岛：写了什么？

和田："对你的才能表示赞赏"——这句评价让我非常高兴，情不自禁地拥抱了乔治亚罗。

川岛：真是了不起。

和田：乔治亚罗的这句话给了我无穷的力量。我虽然连他的脚趾都够不到，但他所创造的"美丽之普通"的设计，我想要尽力继承下来。同时，也想把"美丽之普通"的重要性传达给今

上：第一代 FIAT Panda （图片提供：菲亚特克莱斯勒日本）
下：第一代大众高尔夫 1 （图片提供：Yanase）

天日本年轻的设计师们。

川岛：如今最能体现"美丽之普通"设计的汽车，您认为是什么？

和田：目前的车型中，要算是大众的"Polo"吧。

川岛：非常简洁！

和田：是的，非常普通，而且很美。但这样的设计，通常很难做到。

川岛：厂家总想要做各种创意。比如和前一车型保持差异，与竞争对手拉开差距，诸如此类。

和田：对。就看这样的侧视图，如果是日本汽车厂商的内部设计师画出来的，120%通过不了（笑）

川岛：通过不了吗？

和田：通过不了。追求"让人惊叫的设计"的经营层，会说这是"普通的设计"。因为一眼看上去没什么"新颖"的地方，没有体现"和以前不同，和别人不同"。日本的厂商，最优先的考虑不是"美丽"，而是"新奇""有趣"。所以，诞生不出标杆性的设计。

川岛：能否体现"美丽之普通"的设计，不仅是设计师的问题。是否选择那样的设计，也是经营的问题。

和田：是的。如果我没有在奥迪工作过，可能也不明白这一点。正因为去了奥迪，才意识到"美丽之普通"才是真正的设计。创造自己的"美丽之普通"，将之产品化，接受社会的评价，从而积累经验。但是，对于大部分日本经营者、公司内的设计师来说，很难这样做。而且在日本人看来，"普通"不是褒义词，是贬义词。

现行大众 Polo （图片提供：大众）

川岛：……也许是这样。

和田："普通"，在日本是略带"否定"色彩的。我希望能将"普通"变得"积极"一点。如今是商品大量过剩的时代，还是生活在简单而"普通"的设计中为好。当然，这里的"普通"并不是单纯的"普通"，而是"美丽之普通"。这是设计中最强大的概念，也是支撑人们"生活"与"心灵"的东西。我想做出那样的设计，能让"普通"变成"积极"的设计。我认为那是非常重要的创造。

在日本，"美丽之普通"，就是"美丽的米饭"

川岛：日本没有"美丽之普通"吗？

和田：有的。"煮好的白米饭。"

川岛：明白。

和田：明白吧。日本人原本很擅长"美丽之普通"。茶道也是这样，摒弃多余，保留简洁，非常美。日本人善于从日常琐碎的事物中发掘出最美的地方。只要将那智慧反映到产品设计中就好了。

川岛：是啊。每天吃的白米饭，光润晶莹，真的很美。

和田：祖先倾注心力培育的大米，是每个日本人的能量之源。这样的大米用心煮好，满满地装在饭碗里，用筷子进食。每天早晚都要吃。这正是最彻底的"普通"，其中蕴藏着无比的"美丽"。它就是"美丽之普通"。对于日本而言，最为理想的"美丽之普通"，正是大家饭桌上的"美丽的米饭"呀。

川岛："美丽之普通"的设计之源，不在海外，而是在日常的饭桌上。

和田：而且，尽管今天的日本有着这样那样的问题，但日本的自然本来就很丰富。之所以能够种植出许多大米，也是因为日本自然丰富的缘故。正因为擅长与自然和谐相处，才有了今天的日本。设计"美丽之普通"的诀窍，我想也隐藏在古代流传下来的智慧之中。违背自然的速度无法持久，违背自然的东西不会美丽，这一点日本人应该有切身的体会。

川岛：今天的日本不管从哪里说，都是技术至上主义的。

和田：技术是一直在进化的东西。技术革新是必然的。但是，利用技术的时候，必须与自然保持和谐。都市中心的想法已经有点走过头了，我们必须重新构建与自然的共同生活。也必须让孩子们继承下去。在继承日本独有的习惯和感觉的同时，向世界展示新的解决方法。简而言之，"美丽之普通"，就是与之相联系的概念。

1963年的日本街头非常美

和田：对了，有张照片想给川岛小姐看。就是这张。

川岛：这是什么时候的照片？

和田：照片的名字叫"1963年的东京街头"。我非常喜欢这张照片。街道和汽车虽然都比现在朴素，但是非常美。

川岛：这是复古吗？

和田：不是。这不是复古风格。1963年的东京街头和汽车很有品位。

川岛：和今天有什么不同？

和田：1963年，是东京奥林匹克的前一年。日本刚好开始进入高度成长期。街道、汽车、人，都乐观句上。在一无所有的废墟上，花费十几年时间，重新站起来的希望和喜悦，从这一张小小的照片中传达出来。看到这张照片，我们的心中，仿佛听到当时人们的那种想法。

川岛：虽然比现在朴素许多。

和田：是的，朴素。但是，街道设计也好，汽车设计也好，都有着"美丽之普通"。日本人善于表达的"美丽之普通"。制造业经历了长期的低迷，缺乏活力。而今天日本所处的状况，需要的不仅是复古，而是要回顾过去的日本完美表达出的"美丽之普通"，思考现在，创造出下一个时代，心怀谦逊。那样的话，我想日本必然能够重新诞生出令世界尊敬的东西。

川岛：首先希望和田先生能够一马当先。不管是手表、眼镜，还是汽车！

和田：敬请期待（笑）

"1963年的东京街头" （收录于MotorFan增刊《360cc轻型汽车的一切》）

(摄影：大槻纯一）

和田先生传授的五个要点

1	日本企业中有种错误的想法,认为"从未见过的东西就是好的设计,必定畅销"。新东西未必是正确的东西,也未必是人们最想要的东西。
2	欧洲设计师的重要任务之一,是"继承"企业或品牌所具有的思想与哲学,创造新的"翻译·解释"。
3	所谓设计,是对商品或品牌的"过去=历史"表示敬意,在解释"今天"的基础上,创造"未来"。
4	仅在表面加入设计,不会顺利展开。必须从顶层将设计置于经营的"中枢"位置。
5	唤起日常幸福的设计,是简单的、"普通"的设计。正因为如此,想要做出"美丽之普通"的设计,而不是单纯的"普通"。

社长先生的意见之三

只能看到眼前的顾客
那是二流的商人

与冈藤正广先生的对话

伊藤忠商事 董事长、社长

冈藤先生的思考

"商业的必胜法"和"经营的原理原则"

我所属的ifs未来研究所的大BOSS,是母公司伊藤忠商事的冈藤正广社长。

幸运的是,这一年来,我参与了伊藤忠商事的公司致辞项目,与冈藤社长直接接触,他所具有的敏锐商业直觉、把握顾客需求的开阔视野,都让我赞叹不已。

冈藤先生在纤维部门工作时,将以"乔治·阿玛尼"为首的诸多海外品牌引入日本,是著名的"品牌商业"推动者。

他将通常以企业和政府为客户的综合商社,打造为开拓最终消费市场的商业先驱。

在这里,我以一个个朴素的问题,去碰撞冈藤先生的真知灼见。

打探他执掌综合商社的秘诀。

当然,其中也不乏尖锐的问题,譬如女性对于商社的重要性如何。

冈藤大BOSS给出怎样的回答呢?

01　"真正的顾客"不是眼前的顾客

川岛：在冈藤先生看来，"有风度的经营者"是什么样的人呢？
冈藤：这个嘛，所谓有风度，是吃苦再吃苦、流汗再流汗。要有那样的姿态，才算是有品位吧。
川岛：一般人能看到社长流汗的机会相当少，只会看到风度翩翩的样子。
冈藤：风度这东西，就和男性美一样，不是轻易能获得的，需要历经千辛万苦才能抵达。
川岛：还带着浑身汗臭味，是吧？能具体点说吗？

挤时间去商场

冈藤：好。所谓风度啊，就是要去"第一线"。
川岛："第一线"？
冈藤：我一直都说"要去第一线"，要用自己的眼睛看，用自己的肌肤去感受。在电脑上搜集再多的信息，但是没去过第一线的人，看不到工作的实态。不管嘴上说得再怎么厉害，没有

冈藤正广：东京大学经济学部毕业。1974年4月进入伊藤忠商事。87年获得意大利高端品牌"乔治·阿玛尼"的独占进口销售权，之后与陆续"Trussardi""Hunting World"等著名海外品牌签约，确立了"伊藤忠品牌战略"。历任服装第三部长、品牌市场事业部长、纤维公司总裁、常务董事、执行董事、副社长，2010年4月就任社长。

第一线的经验总是纸上谈兵。这个听起来"很没风度"吧？

川岛：确实！光懂理论是学不到风度的，您是这个意思吧。但是，综合商社的"第一线"在哪里呢？商社并不是直接面对消费者销售商品，找不到"第一线"呀。

冈藤：没错。那么，综合商社的"第一线"在哪里？我认为，那是自己的直接顾客销售东西的地方。像我出身于纤维部门，我的客户都是百货店、服装厂，所以我会经常去百货店、服装店，去他们的第一线。在那些地方能够学到很多东西，最重要的是，能看到"真正的顾客"的需求。

川岛：真正的顾客……在您的案例中，就是实际买衣服的消费者吧。

冈藤：是的。对我们商社来说，直接顾客是供货企业，也就是百货店、服装厂等。商社的销售模式是BtoB。但是我所销售的商品，比如说"布料"，最终在百货店或服装店购买它的，其实是消费者。虽然大家都认为综合商社是典型的BtoB商业，但最终形成市场的是消费者。在我们的直接销售中看不到真正的顾客，但如果不能亲眼看到最终消费者的情况，长远来说绝对会失败。

川岛：去第一线用肌肤感受，目的是寻找真正顾客的需求。这也就是探寻直接面对顾客的消费者市场吧。

冈藤：是的，这非常重要。我到现在也会找时间去百货店。

川岛：是吗？一般人总觉得综合商社和消费者相距甚远。因为不是直接向消费者卖东西。而且冈藤先生的日程表已经排得很满了，还有时间来做这个呀。

冈藤：这个嘛，要是一直关在自己的房间，人会变得很奇怪，有时候会发呆，有时候会焦虑，觉得这样行不行啊（笑）。如果只是参加公司内的会议，商业的直觉也会紊乱。

川岛：去百货店的时候，您又是怎么看的呢？请传授冈藤式的探索术。

冈藤：也没什么特别的。总之就是全部转一圈。我的做法是从地下的食品商场看起，坐自动扶梯依次上楼，各个楼层走一遍。最上层的文化展、特卖场，也会去看一看。总之就是全部大致转一转，到处走一走，亲身感受卖场的情况。如果有时间，就去百货店、服装店走走。这样一来，就能看到那些缩在公司的时候看不到的东西。

川岛：您是从什么时候开始去第一线走的呢？

绅士服布料的"真正顾客"是主妇

冈藤：1980年，30岁左右的时候吧。当时的工作是从海外进口绅士服布料。老字号裁缝"英国屋"在东京日比谷的帝国酒店召开布料展示会，我想大概会有惊人的销量，所以就去看了。当时我的认为，既然是绅士服的布料展示会，去会场的当然是男性顾客……但实际上，来的最多的还是女性客人。主妇、女儿，来看父亲的西服布料。

"这个不错，很适合父亲"

获得第 63 届日经广告大奖的伊藤忠商事"一名商人,无数使命"系列广告。笔者也参与了这一企划。图中的少年是孩提时代的冈藤先生。

"哎，挺气派的嘛"

母亲和女儿一边说，一边挑选布料。

我很吃惊。绅士服布料的"真正顾客"——也就是真正出钱买的最终消费者，不是穿西装的男性，而是男性的夫人和女儿，也就是家里的女性。

川岛：不去绅士服布料的卖场，绝对想不到这一点。不过，听您这么一说，也有恍然大悟之感。会去挑选布料的男性，只有相当关注服装的人吧。

冈藤：于是我就想，如果能提供以女性的视角看来"很漂亮"的布料，不是可以卖得更多吗？之前都是以男性的视角去采购，并没有找到"真正的顾客"。于是我们与广受女性欢迎的著名品牌路易威登携手，发售新的绅士服布料。再比如YSL的布料，按以往的看法，觉得男性不会喜欢，所以根本没放进采购清单里，但实际购买的不是男性，而是男性的夫人和女儿，所以肯定会有人惊喜地说"哎呀，竟然有YSL的布料"。

川岛：那么，销量如何？

冈藤：一路上涨。根据帝国酒店卖场上看到的"第一线"情况做出的假设应验了。在绅士服的布料上，伊藤忠的直接交易对象是批发商和服装厂，但进一步说，还有百货店之类的零售店，再后面则是"真正的顾客"，也就是一般消费者。会去销售布料的第一线查看商品的"真正顾客"，总是以女性为中心。这是以前从未想到的。她们对于绅士服的布料挑选，也和给自己挑选服装一样,同样会感受到YSL这类品牌的价值。

川岛：LV品牌的魅力和吸引力针对的不是实际穿西装的父亲,而是夫人、女儿这些"真正的顾客"。

冈藤：是的,这也成为伊藤忠的纤维部门从事服装品牌商业的契机。从那以后,去第一线就成为我的信念。仅仅看眼前的顾客,看不到市场和趋势。要去真正的顾客购物的第一线。

川岛：说到伊藤忠,自80年代以来,代理了LV、乔治·阿玛尼等多个欧洲服装品牌,在日本开拓了广阔的市场。这一系列的契机就是冈藤先生发现了绅士服布料的真正顾客是谁呀。

冈藤：是的。

川岛：不仅关注综合商社的直接顾客,也关注最终消费者的动向,这是您成功的背景。您发现真正顾客的愿望在于品牌的附加价值。这一点影响了品牌商业的开展吗?

关注批发商面对的百货店、百货店面对的消费者

冈藤：作为并非直接面对消费者的综合商社,我们把握他们的愿望,创造出满足他们需求的销售模式。商社是从批发商和厂家这些"直接的顾客"身上赚钱。探索"直接的顾客"有什么需求,为"直接的顾客"提供商品,当然也是综合商社这种商业模式能够成功的重点。但我认为,只关注"直接的顾客"还不够。因为他们的需求未必和市场的需求一致。当然,要让"直接的顾客"接受我们给出的商品,承认这是

"确实能畅销的东西"，不了解第一线的情况，是没有说服力的。我们的直接顾客如果赚不到钱，我们也无法长期维持下去。顾客赚钱是天经地义的。换句话说，我们卖给他们的商品必须能畅销。

川岛：听起来似乎平淡无奇，实际要做到非常困难。

冈藤：以前我们也曾经拼命向批发商推销我们的商品，但是那些商品完全卖不动，最后都变成批发商的不良库存。我们自己的东西倒是卖掉了，但是信用完全丧失了，这就导致后来与批发商的生意大幅下降。这就是只考虑自己的情况。

川岛：自己的东西卖掉就结束了。

冈藤：是的。想的就是只要卖给眼前的客人就结束了。但是，商社承担的是中间流动的职责。我意识到，自己卖的商品，必定要从顾客手上流到最终消费者手上。如果不能将这样的商品流通渠道、商业销售渠道放在视野里，销售就没办法长期做下去。

川岛：具体是怎么做的呢？

冈藤：我们的直接顾客是批发商。要将我们和批发商之间的生意做大，就要考虑批发商把我们的东西卖给谁。假设说是卖给百货店，那么进一步考虑百货店卖给谁。卖给消费者。说到底，批发商批发的商品，是由最终消费者在百货店买走的。我们综合商社需要考虑这一连串的销售，换言之，就是要计划商品流通的模式，向批发商给出提案。有时候甚至会去协助建设门店，这样商品才会流通起来。商品流通了，生意自然也就做大了。

川岛：不仅要看眼前的顾客，更要看到最终消费者的购买。这可大幅超越了综合商社的形象啊。

冈藤：纤维部门销售的是最终消费者购买的西服、配饰，必须做到这个地步。为此，必须要去第一线，仔细分析第一线获取的信息，做出认真的反馈。

川岛：比如说怎样的信息？

当看袜子卖场，袜子是卖不掉的

冈藤：去百货店的甩卖会场，观察顾客在那里挑选什么商品，会获得很多信息。女性顾客会拿哪些商品、哪些是拿了又放下、哪些直接放进购物篮里，那些商品有什么区别、有什么不同，等等。有些人会去看商品的吊牌，查找品牌的名字，这就又能看出什么品牌受欢迎。我认为，仔细观察非常重要。

川岛：不放过每一个细节。

冈藤：因为商机就蕴含在细节里。不过，只看自己眼前的顾客，或者只看供货对象的专业领域还不够。要俯瞰各个业界、各个业种。

川岛：为什么呢？

冈藤：因为眼前的顾客只看自己的领域。比方说，卖袜子的厂家，虽然知道什么样的袜子能畅销，但对衣服却不大了解。所以我会去衣服的卖场，问店员各种问题，这样才会知道身上穿的东西如何销售。人不可能只穿袜子，要和衣服鞋子搭配。我把这种整体观念反馈给卖袜子的厂家，这类信息迟早会对销售起到帮助。比如消费趋势正在如何变化、哪种品牌受到欢迎等。我认为，在把握整体动向的基础上思考各种可能性，这是很重要的。

川岛：这是非常古典的市场探索法呀。在探索的基础上寻找新市场的萌芽。找到了萌芽，就进行销售的准备。可以说是用第一线的感觉去实践市场最基本的手法。不过我仿佛也听到商社员工的哀叹，说自己忙得不可开交，没办法像冈藤先生说的那样去第一线啊（笑）。

冈藤：那只是借口而已（笑）。给出自己的假说，去第一线加以验证，这是商业的基本。不这么做的商社员工是失职的。自己所想的是不是真的正确、自己目前的工作方式是不是一直保持下去，这些都要通过第一线的观察去确认。当然，仅仅在第一线乱逛也不行。要先做出假设，然后去验证，这才是商业。

川岛："走在第一线"与"品位"的关联，我铭记于心。那么反过来说，"没品位的社长"就是"不看第一线的社长"了？

冈藤：虽然我这么说，不过说真心话，我这个人本来就不喜欢一直待在房间里，所以总会找借口溜出公司，去第一线看看。昨天我还跑了两家百货店。

川岛：真的到现在也在这样做啊！

冈藤：嗯。学到了很多东西。唔……说实话，现在的百货店……

川岛：怎么欲言又止了！
刁藤：因为也许关系到下个商谈嘛。企业秘密（笑）。

02 有品位的商社、没品位的商社

川岛：说到综合商社的工作，就算是与服装有关，印象中也与零售"第一线"相距甚远。但是，像冈藤先生这样，亲自去第一线的领导，下属员工们也会想，"我们也要去第一线看看"吧？

会议减少了六成

冈藤：没错。上头这么做，大家自然也都会出去转。关在公司里并不好。没用的会议太多，没什么意思。

川岛：会议多不好吗？

冈藤：不好。其实在我做社长之前，伊藤忠的会议很多。不过那个时代本来就很艰难，需要强化管理，需要开会。我当时人在大阪，情况还好，但是来到东京以后，天天就是开会。常常一个会议刚结束，又是下一个会议。

川岛：那可真是头疼。

冈藤：商社员工不能整天开会，因为商社员工的工作基本上都要外出跑销售。但是从早到晚都在房间里讨论开会,还没出去跑销售,就已经累得不行了。经理部长一脸严肃坐在会议室里交换信息,其实没什么意思。棋手羽生善治说"长考无妙手",就是指想得太多,反而找不到好的办法。我认为这话说得很对。

川岛: 但是,大部分企业中,那样的会议每天都会有很多,不是吗?其实很多时候并不是为了讨论某个问题而开会,而是象报告会一样,"照这样做",通知一声而已。这种事情我也觉得没什么意义(笑)。

冈藤: 做社长以前,我曾经对经理和员工说过这样的话:信息交换和报告当然也很重要,但去外面搜集信息也必不可少。

川岛: 很有道理。

冈藤: 我很讨厌开会,所以会说这话(笑)。我当了社长以后,更是致力于减少会议频率。现在已经减少6成多了吧。

川岛: 太厉害了!会议实在是费时费力。为了准备开会需要的材料,常常要搞个通宵。会议少了,这些事情也会少。而业绩还在不断上升,可见减少会议的意义有多大。

冈藤: 单靠开会,生产效率并不会提高。而且光顾着开会不去第一线,想法就会有偏差。去掉无效的会议,公司才能行动起来。

川岛: "讨厌会议"的冈藤式"一线主义",催生出伊藤忠拿手的品牌商业模式——这一点铭记于心。那么还想请教冈藤先生,综合商社通常都是以BtoB为中心的,而品牌商业面向的是最终消费者。那么要使品牌商业获得成功,需要注意哪些问题呢?

在品牌商业中,决定性的因素是"附加价值"和"主导权"

冈藤:所谓品牌商业,是引入海外著名品牌,利用那些品牌的知名度做生意——这是许多人的理解。

川岛:哎,难道不是吗?

冈藤:不是,这仅仅解释什么叫作"品牌商业"而已。要使品牌商业获得成功,有两个重要的因素:"附加价值"和"主导权"。能否运用这两个要素,决定了品牌商业能否获得成功。

川岛:附加价值?主导权?什么意思?

冈藤:商社推行的品牌商业,其实本来就是品牌进口商的工作,也就是从海外采购广受欢迎的品牌,批发给日本的零售店。但仅仅这样的做法,并不能提升品牌的"附加价值"。

川岛:确实。单纯进口批发商品,也就是赚一层差价而已。

冈藤:所谓品牌,最重要的就是"附加价值"。所以,品牌商业必须努力提升品牌的"附加价值"。只要提升了"附加价值",自然会有相应的利益提升。品牌商业就是以"附加价值"为商业模式。所以首先必须要关注"附加价值",从思考如何提高"附加价值"开始。

川岛:就像前面您说的,在绅士服布料的世界里引入LV品牌,就会吸引女性这种"真正的顾客"购买。

冈藤：是的。将LV这个品牌引入到长期以来只关注实用性的西服布料世界，让女性们感受到YSL品牌的"附加价值"，她们就会为自己的丈夫和父亲去买。这种经验是我的品牌商业的起点。如果只是做个中间流通商，让商品从一个地方流到另一个地方，不提升品牌的附加价值，那是不行的。

川岛：为什么不行呢？

冈藤：中间流通商不可能深入品牌商业的本质，更不可能赚取相应的利润。从掌握品牌的"主导权"开始经营，提升品牌的"附加价值"，才能将商业做大。

川岛：所以说，"附加价值"和"主导权"是品牌商业的要诀。

冈藤：首先是"主导权"。伊藤忠亲自掌握品牌的主导权，不管是对厂商还是对零售，都具有明确表达意见的能力。换言之，就是具有很强势的地位。

川岛：愿闻其详。

冈藤：商社本来是通过低价大量买入来赚钱。利润率低，但能以量取胜。这是商社的商业模式。而在传统的品牌商业中，商社的职责就是站在海外品牌和日本厂商、零售店之间，就像薄利多销的中介业务一样。但我认为，这样还不够。

川岛：您是说，薄利多销不是品牌商业？

冈藤：是的。要问该怎样摆脱薄利多销的模式，那就需要掌握对品牌的"主导权"。带着主导权去经营品牌，才可以提升"附加价值"。那么，实际怎么做呢？具体来说，就是与海外品牌交涉，获取在日本的品牌经营权。那样的话，就可以开展面向"真正顾客"的品牌商业，也可以摆脱以往商社品牌商业模式的不利点，即使不增加销售数量，也能获利。

川岛：品牌商业，说到底就是看品牌的"附加价值"能够提升到什么程度。这个程度决定了品牌的位置，也决定了价格区间，当然也决定了最终销售额和利润。

冈藤：是的。

川岛：伊藤忠不仅是海外品牌的代理商，也在购买海外品牌、自主经营、掌握"主导权"、提升"附加价值"。很早以前就开始了这样的商业模式呀。

冈藤：购买海外品牌，其实也是现在这个话题的延伸。如果想进一步提升品牌的"附加价值"，有时候就必须亲自经营。商社主动承担风险，购得整个品牌，组合到商业模式里，以此来进一步提升"附加价值"。

川岛：情况如何？

挑选品牌依靠"直觉"

冈藤：自己掌握了品牌，那么面对以许可证方式生产销售的日本厂商，就拥有绝对的发言权。即便是面对百货店等零售店，也可以用优势的条件去要求什么店铺销售什么商品。如果不是自己掌握品牌的话，很难说服上游和下游。

川岛：掌握经营的"主导权"，提升"附加价值"，这种品牌商业的成功秘诀，除了纤维和服装，在商社涉及的其他领域也通用吗？

冈藤：通用的。哪怕是矿产资源，也是一样。如果商社自身拥有铁矿或煤矿，就掌握了经营的"主导权"，能够在掌握市场的同时，挑选开采、出货等各个环节的合作商。如果只是单纯从事中间流通的工作，就会受到市场价格、政治动荡等各种因素的影响。

川岛：但是，买品牌，买矿山，也会承担很大的风险。并非所有的品牌都能畅销，矿物资源也有暴跌的可能性。

冈藤：说的没错。当然有风险。

川岛：那么，买什么品牌，是如何决定的呢？

冈藤：唔……靠直觉吧。

川岛：直觉！那么，请传授锻炼直觉的方法。

冈藤：只要认真在企业里工作，自然而然就会锻炼出来。说到底，就是看自己做的工作有没有对公司的利润做出贡献。走在错误的道路上当然不行。选择正确的道路，业绩自然会上升。就是这样。

川岛：唔……更糊涂了。您的意思是说，要拿出眼睛可见的业绩来？

冈藤：不，不是这个意思。我的意思是，首先要努力工作，完成每次的预算。带着这个目标去观察市场的状况，就会看到一些变化。抓住这些变化，选择正确的道路。大概就是这样的感觉。

川岛：还是请您再稍微具体点解释。

冈藤：简单来说，就是自己要能提出假说。自己做出假设，然后关注市场，关注顾客，关注微妙的变化，做出迅速的反应。这样就能抓住商业潮流。只要能做到这一步，业绩自然会提升。

川岛：能从潮流中发现趋势，这种眼光非常重要。

冈藤：当然。如果能够抓住商业的萌芽，就可以一口气推广开来。抓住一个，推广一个，再抓住下一个，再推广下一个。

看得要比顾客的愿望"更远一点"

川岛：这种开辟新道路一样的感觉，我想是优秀的商社员工必须具备的素质。不过我还想继续纠缠刚才说的"直觉"问题（笑）。观察市场的时候，认为"这个行，这个不行"的直觉，到底该怎么培养呢？

冈藤：开展品牌商业的时候，我也并不是说"我觉得这个品牌很不错"，而是面向今天和未来，判断它是不是顾客真正需要的品牌。这一点最重要。自己认为再好也是没意义的。如果公司通过这样的判断来购买品牌，那就糟了。

川岛：明白了，需要根据市场来做判断。不过，怎样才能超出眼前的状况，去考虑今后的发展呢？

冈藤：不要像赌博一样去展望遥远的未来，而要在身边、在周围、在不远的将来寻找。商社的商业，就像是在周边城镇做生意。没有固定的店面，类似于行商一样。正因为如此，走访顾客就显得非常重要。比如说，一开始卖的是酒，但是慢慢听说顾客想要味噌、想要豆腐，那就要去卖味噌、卖豆腐。卖的过程中，除了这位顾客，还会有别的邻居过来看，他们也会有他们想要的东西。这样一点点积累下去，自然会打开市场。我认为，这就是商社的商业模式。

川岛：总而言之，需要仔细倾听顾客的声音。

冈藤：是的，而且要比顾客的愿望看得"更远一点"。比如说顾客想要豆腐，于是建了大工厂去生产，结果顾客又说豆腐不要了。所以要比顾客的愿望看得"更远一点"，不能人云亦云。做到这一点，自然会赚钱（笑）。所谓商社，就是在这样的商业模式中受惠的行业。首先做到这一点，然后不断提醒自己：要赚钱。赚不到钱的话，不是顾客不对，而是自己不对。

川岛：可是，凡人总有各种烦恼，要想看的比顾客的愿望"更远一点"，我觉得还是相当困难的。有什么办法能看得"更远一点"呢？

销售的关键是"劳、削、防"

冈藤：没什么特别的，首先看看脚下，然后稍微看远一点就行了。最重要的是不放过任何细节。

川岛：反过来也有觉得情况不对一口气撤退的时候吧。

冈藤：有时候牢牢站住也是重要的。尽力抑制损失也很重要。

川岛：把握撤退时机也挺难的。

冈藤：商业不是一次定胜负。面向未来，长久存续。这一点必须牢牢记住。所以如果觉得不妙，就要尽最大的努力去停止。即使觉得不行,也决不能半途而废。就算输,也要绞尽脑汁去思考如何输得最少。

川岛:少输的秘诀是什么呢?

冈藤:我想关键在于日常商业中培养出来的姿态。

川岛:这回不是"直觉",而是"姿态"了。

冈藤:要说具体是什么样的姿态,那就是"劳、削、防"。

川岛:"劳、削、防"?

冈藤:"劳=劳动","削=削减","防=预防"。劳动提升利润,削减浪费的经费,以及做好危机管理,也就是"预防"。这是商业的姿态,也是商业的关键。不过最难的是"预防"。

川岛:预防很难……那该怎么做才好呢?

冈藤:如果"危险"状态已经能用眼睛看见,那就已经晚了。必须提早注意到"危险"的预兆,做出反应。

川岛:具体来说?

冈藤:还是第一线。要认真走访第一线。这是最基本的。如果定期走访第一线顾客,就会在某种程度上了解顾客的状况。如果放松这项工作,往往后面就会遭遇很大的风险。

川岛:道理很简单。

冈藤:是的,非常直白的理论。但是很少有人能坚持下来。要勤恳走访第一线,不要懈怠。这样必定能培养出工作上的"直觉"。

川岛:啊,好像有点明白了。

冈藤:行走在第一线,洞悉眼前的顾客和真正的顾客。一旦能够分辨出时代的动向，就会产生出销售的"直觉"，比如该选择哪个品牌，该购买哪座矿山，诸如此类的"直觉"，就是长期积累的结果。

川岛：所谓"直觉"，不是随意的推测，而是一个个员工通过踏实的经验积累而得来的东西。

冈藤：有句话不是说，商社的财产是人吗？这话一点没错。商社不生产物品。只有聚集一个个员工的力量，才能在销售□取胜。

川岛：为了培养那样的"直觉"，大约也需要在第一线浸淫很长时间吧。

03　品位诞生于辛劳之后的成功

川岛：关于工作中的"有品位"和"没品位",我有许多疑问。冈藤先生,您认为"有品位的上司"是什么样的人呢?

冈藤：是承担"没品位"的人吧。将"有品位"让给别人的人。

上司必须身先士卒干粗活

川岛：承担"没品位",将"有品位"让给别人的人?那样的话,上司不是一点"品位"都不剩了吗?

冈藤：对。这就是"有品位的上司"。

川岛：……又是禅宗问答。那么我从承担"没品位"这边问起。这是什么意思?

冈藤：所谓上司,不管是公司的部长也好、课长也罢,必须要身先士卒,去做各种粗活脏活。这也是因为越有挑战性的工作,越容易失败,很可能弄得灰头土脸,顾客也少不了抱怨。这种时候不能让负责第一线的年轻人去闯,而要亲自出面,这才叫上司。

川岛：可是，在组织中，很少有上司会去拯救部下的失败。

冈藤：确实有不少人不会这么做。原因在于这样子"不够帅"。和部下一起面对顾客，在众人面前受到训斥，当然会很没面子。有这样的想法也是人之常情，所以不想去。但正是这种时候才需要亲自去。

川岛：越是"没面子"，上司越是要亲自出马。

冈藤：也许会被顾客怒斥。但上司为部下的失败低头认错是应该的。从部下的角度来看，失败的时候不肯露面的上司，最"没品位"了。

川岛：如果上司觉得"丢面子所以不想去"而不露面，在供货对象和部下看来，就被打上了"没品位"的烙印。这么说来，承担"没品位"的人就变成"有品位"了。

冈藤：在部下看来，由于自己的失败，必须对供货对象低头认错。这种很"没面子"的时候，上司亲自出面道歉，部下自然会觉得这种上司值得信赖，当然也就和"有品位"联系在一起了。

川岛：原来如此！那么，将"品位"让给别人，又是什么意思？工作获得成功的时候，明明是部下的功劳，却当作自己功劳的上司，不是有很多吗？

冈藤：嗯，那样的人也有。

川岛：把部下的成功据为己有……

冈藤：的确有那样的人。但在正经的公司，坐到管理层位置的人，抢部下的功劳，是最没品位的事。

把"品位"让给部下

川岛：真的吗？

冈藤：真的。通常来说，只要在公司干得久了，哪个上司抢了部下的功劳，这种事情自然会暴露。大家都会看出这个人"没品位"。说实话，谁也不想听到这样的评价吧。自己率领的团队获得成功的时候，不要当作自己的功劳，而要让给部下，奖励部下，并且向周围宣传这一点。换句话说，就是将"有品位"让给别人。我认为这才是"有品位"的上司。

川岛：确实，如果有那样的上司，我也会觉得很骄傲啊。

冈藤：不过还有一点需要注意：当周围的评价越来越高，开始出人头地的时候，"拍马屁"的人也会增加，会出现阿谀奉承的人。这时候作为受奉承的人，不能沾沾自喜。周围拍马屁的人多起来的时候，应该想到"哎呀，真是没品位"。

川岛：这是冈藤先生的个人经验吗？

冈藤：也是我的个人经验（笑）。当然，工作进展顺利，周围评价上升，受到褒扬，感觉当然不错。人也会因为褒扬而成长。不过，如果大部分都是没有实质内容的拍马屁，就必须加以注意。

川岛：这个能分辨出来吗？

冈藤：如果不是沾沾自喜的话，应该分得出来，我想。坦率的夸赞和拍马屁终究有区别。拍马屁的时候，总会有受之有愧、有所怀疑的感觉。然而若是将拍马屁当真，这种感觉就会麻痹。那样的话就完了。

川岛：穿新衣的皇帝。

冈藤：听到别人拍自己的马屁，如果没有受之有愧、很不舒服的感觉，自己就完了。我一直都这样告诫自己。

川岛：原来如此。您是怎么达到这个境地的呢？

冈藤：这是在一件件工作中得来的。回过头去看，为了获得一项成功，需要解决许多危机。面对严重的状况，需要绞尽脑汁解决危机。就像超人一样，从快要摔死的高度跳下来、活下去，直到下一个危机到来。我过的就是这样的工作人生。

川岛：听到冈藤先生说自己也遇到过危机，总感觉很不可思议。一直以为您总是不断取得成功。过去也曾经失败过吗？

品位在于阿玛尼，不在于我

冈藤：虽然没有无法挽回的失败，但大大小小的失败不计其数。不过也正是从中学到了许多东西，才有了今天的我。这样想来，遭遇许多失败也是挺好的。

川岛：失败是成功之母。这话虽然是老生常谈，但的确很有道理。不过，我还是畏惧失败，不敢挑战。

冈藤：这是因为川岛小姐没什么压力吧（笑）。回顾我的工作人生，充满了眼花缭乱的坠落和跳跃。但大概也是因为一直在走钢丝，没有停下来想过，更没有回头去看过。根本没那个闲暇。

川岛：没有回头看过？

冈藤：没有。一直在拼命工作。我觉得一切都和今天联系在一起。

川岛：啊，那也许就是"品位"吧。对了，还有个与"品位"相关的问题。冈藤先生在伊藤忠的纤维部门引进了以"乔治·阿玛尼"为代表的品牌商业，大获成功。有没有人夸赞您"引入了阿玛尼！太帅了！"？

冈藤：没有。品位在于"阿玛尼"，不在于我（笑）。有的新员工会这么说，觉得阿玛尼很帅，提出来说"想做品牌"，但问题在于，品位不是因为做这个品牌才有的。

川岛：经手有品位的品牌，并不代表自己有品位。

冈藤：对，这一点很容易产生误解。重要的不是经手哪个品牌，而是具体怎么开展工作。我在开始着手品牌商业的时候，完全不认为自己做的工作有什么品位。

川岛：那时候您是怎么想的？

冈藤：因为是没有先例的工作，所以我一直在拼命。心中的想法只有：总之要改变以前品牌商业的常识！后来再回想，也许这就成为我的工作风格了。

川岛：您的工作风格是什么？

冈藤：辛勤耕耘之后获得成功，心中非常充实。所谓成功，不是展现给他人的东西，而是对自身的不懈挑战，不断完成自己设定的目标。我是这样认为的。

川岛：总之，如果自己不谦虚……

冈藤：对，我也始终心怀谦虚。不过不知道为什么，好像很多人觉得我比较傲慢。

川岛： 这是肯定的。

冈藤： 果然这样吗？大概是因为我过度自信、态度傲慢什么的吧（笑）。

川岛： 您的自我分析很到位呀（笑）。

04　女性和商社

川岛：冈藤先生，您站在综合商社这种巨型组织的顶点，对于人员评价和人事安排是怎么做的呢？

冈藤：评价和人事。最困难的工作之一。

川岛：冈藤先生来给我做评价，听起来相当可怕的感觉……（笑）

社长的工作是考虑员工的幸福

冈藤：怎么连川岛小姐也这么想（笑）。我尽可能不做极端的人事评价。惩罚不是人事。因为我认为全体员工是"在同一个饭锅里吃饭的伙伴"。所谓伙伴，就是不管怎么工作都是伙伴。

川岛：这样说来，真是情谊深厚的老板呀。

冈藤：也许是吧。不过，如果把"情谊深厚"视为理所当然，周围人也会恃宠而骄。最糟糕的情况下，组织会变得腐败。这可绝对不行。伙伴不是朋友关系，从上到下随时保持通过工作表现来评价的紧张感，非常重要。我也是带着紧张感来做社长的。

川岛：培养伙伴一起工作的团队精神和保持工作评价的紧张感，两个方面必须同时进行，这种平衡感觉很困难呀。

冈藤：非常困难。就算是觉得很优秀的伙伴，有时候也会因为工作失败而做出严厉的评价。不过那只会发生在确实很糟糕的情况下。而且业绩如果一直很差，到底还是要调动岗位的。说到底，也需要看工作成果。

川岛：业绩到底还是很重要的吗？

冈藤：当然。评价和人事首先还是来源于业绩。这是基础。在这个基础上，再参照各种情况对员工做出评价、进行人事调整。

川岛：也就是说，要看工作成果是否对公司利润做出了贡献。这样就联系到您之前说的话了。那么，冈藤先生对人员做出评价的时候，是不是和刚才的市场分析一样，听取许多人的意见，给出综合性的评价呢？

冈藤：是的。人事绝不是独断。因为关系到公司的经营和当事人的一生，必须慎重对待。我总是和各种人交谈，综合做出判断，就像调查问卷一样。最终我的职责是评价，下决定是我的工作。我领薪水就是为了这个。如果我的工作失败，会给公司带来很大麻烦，也会给相关的员工带来麻烦，所以必须慎重对待。

川岛：2013年，伊藤忠商事任用女性做公司高层，在日本的综合商社中是第一家。

提拔女性做高层不是一时兴起

冈藤：起用女性担任公司高层职务，是我一直在考虑的人事安排之一，绝不是一时兴起，也并非因为女性而提拔。

川岛：感受到冈藤先生无微不至的关怀。

冈藤：这是自然。股东给我支付高薪，委托我经营公司，所以我必须关注每个细节。每天我可都带着极大的压力工作哪。

川岛：社长一点都不轻松呀。

冈藤：完全不轻松。

川岛：社长的工作很辛苦吗？有没有轻松的时刻呢？

冈藤：我觉得社长是很孤独的。因为承担着最终的经营责任，不得不孤独吧。最多只有刹那的轻松。每天辛勤工作，直到决算时完成目标的那一刻。那种成就感是没有任何东西能够替代的。决算结果良好的话，员工也会充满干劲，对吧？如果决算的结果不好，再加上劳动负荷很重的工作环境，员工就不会有干劲。就算为了让员工有干劲，踏实获取利润也是重要的，我想。

川岛：决算完成的时候感觉会很轻松呀。

冈藤：如释重负。

川岛：2013年度，伊藤忠商事获得了历史上最高的利润。自冈藤先生担任社长以来，商社业绩从第四位上升到第三位，可以说是一帆风顺吧？

冈藤：只是阶段性目标而已，还远没有到达顶点，可不像高考公布成绩那样。

川岛：业绩已经这么好了，冈藤先生接下来的梦想是什么呢？是要做得更好吗？

冈藤：那是当然。无休无止。

川岛：那，不是永远没有轻松的时候吗？

冈藤：没有。要一直不停奔跑，直到交给下一任。我现在既然是社长，当然要尽力做到最好，然后再交给下一任。前几天有个伦敦的投资人问我，如果我不再担任伊藤忠的社长，经营方面要怎么交给下一任。他的意思是，正因为现在的业绩很好，所以能否顺利交接反而是一个潜在的风险。总之我会尽力而为。哪怕是为了让下一任轻松点吧，这是我的心里话。

川岛：果然像父亲一样（笑）。

冈藤：但是，也不能一直都是我。最怕的就是社长占着位置，认为公司缺了自己不行。我也经常思考卸任之后的人生。我的同龄人差不多都在计划退休后的人生了。可是我没有那样的时间，一直埋头于工作，所以也挺焦虑，觉得这样真的好吗。

川岛：真的吗？好像一点都没看出来。

冈藤：事业会社的高层领导引退的时候，我一定会表达慰问，写亲笔书信，附上赠礼。每当这时候，对方都会非常喜悦。

川岛：是的，会流泪的。

冈藤：那时候我自己也会有所感触，觉得自己这样真的好吗。

川岛：很罕见的软弱呀。

冈藤：前几天我在家里从台阶摔下来了，差点撞到头。撞到头就死了（笑）。
川岛：您说什么哪，这可不行，这可不行。请务必要小心身体，不能开玩笑。延续刚才的话题，2013年春，伊藤忠商事第一次有了女性高层。还实行了引入制度，把员工的工作时间转换成晨型，削减加班的时间。这些都收到新闻报纸的广泛报道，让人感觉伊藤忠商事正在努力成为一个适合女性工作的公司，构建女性员工也可以安心工作的环境。身为公司员工，我感到很自豪。

不能什么都平等

冈藤：你说的好像我们公司在起用女性这一点上做得很晚（笑）。
川岛：啊，对不起。
冈藤：女性承担的职责，我一直认为非常重要。
川岛：哎，真的吗？不太能看得出来（笑）。
冈藤：当然，男女一视同仁，任何地方都追求平等，我认为是不行的。职责和能力都有差异。不能完全无视性别来分配。
川岛：男女的差异在于哪些地方呢？
冈藤：这个说法可能不大恰当……女性通常适合管理工作，比如会计、财务、法务之类的部门，是女性大展身手的领域。
川岛：销售呢？
冈藤：商社的销售，对于女性——尤其是结了婚、有孩子的女性，唔……可能还是有点困难。

川岛：比如说，什么地方会比较困难呢？

冈藤：部门千差万别，不好一概而论，不过销售是与顾客打交道的工作，工作时间不能完全按照自己的步调来。有时候会很早，有时候是深夜，有时候还要去海外，遇上突发事件，不管什么时候都要马上处理。如果带小孩的女性来做这些事，从现实角度说，的确有些困难。有时候顾客也会突然提出相当不合理的要求。不是所有的女性都能接受那样的要求、推进工作的。

川岛：唔……商社的销售对于已婚已育的女性相当困难，原因不在于公司内部，更多是在于供货对象的关系上。虽然我认为通过满足顾客的无理要求来推进工作的方式并不好，但我也明白，日本企业社会中长年培养出来的关系，不是单方面说一句"不行"就可以拒绝的。

冈藤：是的。不过也不光是稀里糊涂延续以往的惯例，日本的企业社会也在变化，也需要采取新的工作方式、新的行为方式。这一点我也深有感触。不过现实还没有完全改变过来。我认为，综合商社的工作需要转变成更加功能性的商业销售。品牌商业就是非常功能性的商业销售。掌握"主导权"，提升品牌的"附加价值"，提高利润。伊藤忠在这个领域积累了多年，所以才能顺利开展品牌商业。这也是女性可以大展身手的领域。不过，商社的商业模式中，还有尚未转变的领域，那些没有转变成功能性商业销售的泥泞区域，从现实的角度说，女性很难活跃在销售的最前线。虽然我们也在这些领域分配了女性员工，但就现状而言，女性员工的工作还是以管理部门为主。尽管我对此也觉得很遗憾。

川岛： 据我所知，伊藤忠的女性员工全都在奋力拼搏。

冈藤： 拼搏是没错的。虽然不能断言每个人都是这样（笑）。

川岛： 真够严厉的。

冈藤： 对于男性的评价也是一样。不过，近来我感觉到，能够把自己的工作当作人生的目标之一来对待、在男性的环境中辛勤劳动的女性实在很了不起。

川岛： 这句话请您务必大声说出来。您怎么产生这种想法的呢？

冈藤： 这个，当着女性的面不太好说……

川岛： 那就说说好说的话（笑），请说说看吧。

冈藤： 有些女性觉得商社的薪水不错，工作也有趣，还能去世界各地出差，抱着这样的想法进入了公司。但是，真正进来之后，发现理想和现实之间存在差异，看到商社里都是流着汗臭的工作，不禁十分灰心。于是就有人结婚辞职，或者要求转去更加轻松的岗位。还有些人回到学校重新读书学习，或者出国留学。有些实在忍受不了的女性还会迅速跳槽。当然，男性也会这么做。

川岛： 女性有很多选择。如果工作令自己烦恼，眼前的路走不下去，就会考虑其他的选择，于是很多人就会辞职。从公司的角度看，由于这类案例很多，也就等于女性员工的风险较大，自然不愿委以重任。这也是公司高层的普遍烦恼。我在各个公司的领导口中都听到过。虽然我不想承认是女性的问题，但也不是不能理解公司的难处。

冈藤：……对吧？

下定决心的女性具有了不起的力量

川岛：但是反过来说，上司遇到女性员工辞职的时候，会不会强烈挽留呢？比如说，"你是公司里不可替代的人才，请不要辞职"？我觉得这一点也很重要。很多上司遇到女性员工为将来而烦恼的时候，总会摆出仿佛很理解的样子，告诉女性员工说，这是你的人生，你有自己想做的事，你应当优先考虑你自己，诸如此类。女性员工听到这样的话，难免会产生出"啊，我不用在这儿努力也没关系"的飘忽心情。女人就是会这么想。男性上司也应该理解这样的女人心思呀（笑）。

冈藤：重要的人才走掉的确很棘手。

川岛：无论如何，时代潮流越来越支持女性工作。越是大企业的领导，越要挺直腰杆，大声疾呼。

冈藤：我自己一贯认为女性非常重要，也希望女性员工能够尽情发挥能力。我都说了当着女性的面不太好说嘛（笑）。

川岛：啊，对了，我忘记了。

冈藤：再强调一遍，下定决心排除万难的女性，具有超越男性的了不起的力量。我正在考虑给那些积极的女性提供积极工作的环境。

川岛：通过与您的直接对话，我发现综合商社中陈规旧习的男尊女卑形象正在变化，感觉像是笼络人心。

冈藤：这是偏见！

川岛：说漏嘴了（笑）。

冈藤：不过有一点必须注意的是，女性也好，男性也好，如果对自己没有一定的严格要求，工作是做不好的。我的言论往往会被误解，其实男女完全没有差异。男性积极去做家务、带孩子，也是非常重要的，我认为值得大力宣扬，但以此为借口而轻视工作却是不应该的。

川岛：如果都能像您这样说，社会上的偏见也会减少，我想。

冈藤：再有，起用女性员工之后，我感觉到，女性的认真仔细，在某些方面会起到非常重要的作用，也会对公司做出很大的贡献；当然，那种认真仔细——"必须这样"的顽固、不通融，也有不够灵活的地方。在商业销售的最前线，有时候这一点也会成为阻碍。不能因为是规则就必须遵守，而是要搞清楚为什么会有这样的规则。我觉得，如果能明白这一点，自然会变得更加灵活。

理解工作重大目标的人会很灵活

川岛：是啊。女性在生活中会比男性更加灵活，但在工作中，就会变得墨守成规，很奇怪。

冈藤：我有位相识的女性银行支行长。结婚之后还在继续上班，非常擅长工作。

川岛：具体来说呢？

冈藤：她时常会给我寄信、赠送小礼品，每次都非常周到仔细。小小的关怀都做得无微不至。这不是非常擅长吗？

川岛：能让冈藤先生这样说，那是相当厉害的了。

冈藤：而且她也会做出必要的通融，不会拘泥于规定。我认为这就是理解自己工作的重大目标才能如此。女性原本就是善于关注细节，如果再加上灵活性，我想就会变得更强。

川岛：很想体会这样的安排。

冈藤：川岛小姐，你果然对我有偏见吧，认为我不重视女性（笑）。

川岛：没有没有，没有的事。

冈藤：其实在整个商社业界，伊藤忠的任用女性做董事、监事，都是很早的。虽然刚才也说过，销售最前线的环境对女性而言颇为艰难，但伊藤忠还是设立了女性赴海外出差的制度，给女性员工保留了一定的自由裁量权。比方说前段时间就有一个例子。有位离婚抚养孩子的女性要去海外任职，于是公司让她母亲也一道同行。因为带孩子的女性一个人去海外赴任，没有人帮忙的话会很辛苦。

川岛：这可真了不起。

冈藤：我一直对人事说，女性的任用不能墨守成规，不能认定非得怎么样怎么样不可。能在商社持续工作的女性人数有限，要尽可能根据具体情况去对待。我的要求是，创造每位女性都能安心工作的环境。

05　日本的产品之所以没品位，是因为没有"余暇"

川岛：前几天，您在我担任所长的未来研（ifs未来研究所）招待会上致辞，十分感谢。

冈藤：我在招待会上认识到，对于企业，什么东西最重要。

川岛：什么东西最重要？

冈藤：闲暇。

川岛：闲暇？

冈藤：是的，闲暇很重要。川岛小姐主持这场招待会中，"虎屋"点心和"Pola"化妆品都提供了许多帮助吧。

川岛：是的。他们以"礼物项目"的名义和未来研联手，虎屋开发"未来的点心"，Pola开发"未来的入浴剂"，为参加招待会的诸位提供了礼品。感谢虎屋的黑川光博社长和Pola的铃木乡史会长提供帮助。

冈藤：这是他们对你的支持，一定要好好感谢两位和两家公司。

川岛：铭记于心（笑）。

冈藤：只是为了一次招待会，也愿意投入极大的资源，设计生产原创商品。我觉得这就是企业和经营者的"闲暇"。说到"闲暇"，听起来像是轻松惬意之类的意思，实际不是这样。我认为"闲暇"是通过文化、对未来的发展预期等方面，表现出类似深邃底蕴一样的东西。这种"闲暇"，是一切企业所必须的。

川岛：有没有这样的"闲暇"，关系到能否诞生出"有品位"的商品和服务。

闲暇的微小差异，能够左右商品的完成度

冈藤：说到这儿我想起来一件事。那是一位已经过世的布料厂客户，从当年的特攻队幸存下来的人，当时已经70多岁了。每年在浜松开会的时候，都会自己开车，从东京走东名高速过来。每次见到他的时候开的都是新车。

川岛：非常喜欢汽车的人。

冈藤：从来都是新车。每年都会换。他一直开的都是丰田的CROWN，有一年突然换成了其他公司的最高级sedan。"哎，怎么回事？"我觉得有点奇怪，但是过了一阵子发现他又换回CROWN了。问他为什么又换回去了，他回答说，"觉得另外那家公司的汽车挺有朝气，所以就换了，但是那车里的脚垫太憋屈，到处都有若隐若现的缝隙，不像CROWN，垫子很大。到底是老牌子，就是不一样，所以还是换回CROWN了。"

川岛：这就是企业"闲暇"上的差异吧。

冈藤：并不是说丰田好，别的公司不好。只不过商品在不断压缩成本的过程中，总会减掉各种东西。像CROWN这样的高级sedan，是日本车中最高级的车型。在这个层次上，不仅不能过度压缩成本，而且如果不能在设计上反映出某种"闲暇"，就无法吸引这类汽车的潜在购买人群。那位客户尽管一度曾经由丰田换到其他公司，但之所以后来又换回来了，正是因为在CROWN上感受到企业的"闲暇"。

川岛：削减成本只是企业一方的逻辑，对于消费者而言并不合理。

冈藤：削减成本、提高效率，也是很重要的。如果其他方面能做得足够好，削减成本也能满足消费者的需求，那自然也没问题。但如果仅仅以削减成本为目标，那么产品就会变得很鸡肋。所以关键在于不要丢失"闲暇"。有没有"闲暇"，顾客＝消费者是非常敏感的。所以企业必须重视"闲暇"。一点点"闲暇"上的差异，就会变成产品魅力上的差异，也是左右顾客是否购买的关键。

川岛：的确，"闲暇"上的一点点微小的差异，就会变成产品魅力的差异，决定了顾客是否会选择。如果只考虑削减成本的问题，肯定不会有这样的想法。

冈藤：要在保持成本意识的同时，把"闲暇"也融入到经营中来，尽管这样确实比较困难，乍看像是浪费一样。

川岛：我发现冈藤先生所说的"闲暇"，就是日本企业的产品和服务中所丧失的"品位""美丽"和"快乐"。原来如此。如果经营上没有闲暇，只顾着追求技术更新，当然只会一味削减成本了。最近的日本产品中经常更感觉到这个倾向，正是因为缺少了"过剩"的缘故吧。

冈藤：消费者会从那些"闲暇"与"过剩"中体会到快乐的。

川岛：在这里我想再问一句，该怎么做，才能让丧失了"闲暇"的日本企业重新找回"闲暇"，创造"有品位"的东西呢？

冈藤：这是个很难的问题。

不仅需要技术，也需要营销

川岛：日本的企业，过去曾以生产"有品位"的商品享誉世界。今天畅销世界的苹果电脑创始人史蒂夫·乔布斯钟爱的Walkman，其创造者正是索尼。20世纪70-80年代，日本生产的汽车和家电成为世界的先驱，开辟了无数新的道路。然而时至今日，许多日本的产品虽然功能优秀，但却并不能让人产生"想买！""想用！"的心情……

冈藤：因为太过认真了，日本的企业。

川岛：认真不对吗？

冈藤：认真并没有错。但是只有认真却不行。因为缺少真正意义上的营销感觉。目光没有放在顾客想要什么上。汽车公司也好、家电企业也好，虽然都在认认真真进行技术开发，但仅靠技术，无法把握今天的消费者需求，因为今天的消费者都是见异思迁的。在这个意义上，我认为就像刚才所说的丰田汽车那种"闲暇"，才能完美把握顾客的需求。

川岛：确实。丰田在以PRIUS等混合动力技术引领世界潮流的同时，也在推出"丰田86"这种细分市场的跑车。丰田广阔的"开发力"，就是企业"闲暇"在商业上获得成功的例子吧？

冈藤："开发力"是企业的"闲暇"，在这上面分配金钱、时间和人才，是正确的决策。不过，开发不仅限于技术开发。我觉得很多日本企业对这一点存在误解。

川岛：哎，说到开发，难道不是技术开发吗？

冈藤：日本企业普遍这样认为。因为我们是以技术参与竞争、以技术获得胜利的国家。技术立国是没错的。但如今并非只有日本的技术强悍，其他的发达国家，甚至发展中国家，都在不断开发顶尖技术。如今日本的技术已经不一定能够带来"市场上的主导权"了。

川岛：的确如此……单靠技术无法获胜。

冈藤：所以，不能仅仅依靠技术来竞争，必须要在其他地方竞争。换句话说，需要营销。

川岛：与冈藤先生拿手的品牌商业一样呀。

冈藤：没错。一切商品都化作品牌商业。必须认真推行各个商品的营销，经营品牌，在市场上获取主导权。这样一来，技术之外的"开发"就变得非常重要。

川岛：那么我想请教的是，技术之外的"开发"是指什么？具体来说，日本企业必须要"开发"什么呢？

冈藤：设计。

川岛：设计？！

冈藤：企业要想在今天的市场上掌握主导权，最重要的是设计。原因很简单。大家都想要"有品位"的东西、"精彩"的东西。日本企业倾向于用出色的技术吸引顾客，然而单靠技术无法吸引顾客。首先需要设计。

川岛：完全没想到会从冈藤先生口中听到说，对于企业最重要的东西是"设计"。

冈藤：川岛小姐，我虽然看起来这副样子，但好歹也在伊藤忠干了一辈子品牌商业啊（笑）。

川岛：啊，是的。

单靠技术是不行的

冈藤：看看韩国的三星，就是通过设计打磨品牌，在世界上获取了家电市场、手机市场的主导权。三星不仅大规模起用国内外的顶尖设计师，自己还建立设计学校，从海外吸引优秀的人才，对设计倾注极大的力量，结果就是让三星这一品牌在市场和消费者中形成了"设计优异"的形象。三星以设计为轴心，提升品牌的"附加价值"，如同品牌商业的范本一样，走在康庄大道上。我认为，今天技术依然保持超一流水准的日本企业，更需要将设计置于经营的中心位置。

川岛：您是说，日本企业也应该制定战略，通过设计提升商品的附加价值，提升商品的品牌力。

冈藤：创设以设计增添附加价值的品牌，本来是日本企业的拿手本领。譬如虎屋和Pola，就是将设计融入经营之中。然而许多日本企业并没有这么做。结果是埋没了优秀的头脑和技术，十分遗憾。

川岛：优秀的技术如果不与出色的设计相结合，顾客就不会购买。不管是苹果、戴森，还是当年的"Walkman"，都是如此。优异的技术与设计组合在一起。

冈藤：但今天的日本企业没有再用设计做武器。以前我去家电量贩店想买个新的电风扇，看到各种电风扇的优异技术和强大功能，很是吃惊。但是，电风扇的技术太先进，操作就变得很困难，使用方法也非常复杂。我觉得，与其如此，还不如专注于顾客必须的功能，把使用方法变得更简单。

川岛：面对消费者的操作界面也是设计的工作。一味追求技术的家电，装载太多不需要的功能，导致使用困难，也是缺乏品位的设计（笑）。

冈藤：会让人觉得，难道没有更简单、更优雅的设计吗？

川岛：从消费者的角度来看，这是理所当然的要求，为什么做不到呢？

冈藤：因为这是商家的凭空想象。产品完全由开发主导，没有从顾客需求出发。商品需要得到消费者好评、受到市场欢迎，才是合格，否则就是不合格。然而在日本企业内部，考虑的并非是商品能否畅销，而是新技术够不够厉害。用的是这种评价标准。

川岛：本末倒置。

按照消费者认可的价值来决定价格

冈藤：也会认为，这么好的技术，肯定会大卖，如果没人买，都是消费者的错。问题是并非技术越高越好卖。好不好是顾客做出的评价。厂商的技术开发人员必须经常走访第一线，亲身感受消费者的需求。

川岛：必须与消费者这种"真正的顾客"接触才行。

冈藤：纤维行业也是一样。日本各地的纤维产地，具有非常高的技术力，很多地方都能生产欧美奢侈品牌的服装布料。在整个世界，日本厂家的高超技术广受好评。而且奢侈品牌的原料采购价格也比普通的布料价格高。

川岛：日本的技术力很高，这一评价，在服装的世界也是定论。

冈藤：然而问题就在这里。具有高超技术的日本布料厂商，以什么价格向欧美奢侈品牌提供原料呢？价格并不高，只是比普通的布料价格稍高一些而已。换句话说，高超的技术，并不意味着很高的利润。而采购这些布料的奢侈品牌，以设计和品牌作为附加价值，再将技术融入到价格之中，衣服的价格就会卖得很高。

川岛：厂家是以生产者的角度去看奢侈品牌订购的原料，而奢侈品牌却是以消费者的角度去看成品，这个差异也反映在价格设定上。技术所带来的附加价值，也被品牌方占有了。

冈藤：日本厂家非常认真，以核算成本的方式决定价格，而奢侈品牌则是根据消费者认可的价值来设定价格，所以经常可以若无其事地给出非常高的价格。只要能满足顾客的需求就可以。想法完全不同。

川岛：日本的厂家，就算价格设定稍高，如果不能反映到利润上，迟早会维持不下去。

冈藤：遗憾的是，我认为很难改变。

川岛：出色的技术不能带来利润，厂家就会很难维持，以至于逐渐破败。该怎么做才能扭转这一趋势呢？

冈藤：我觉得，拯救所有人是很难的。日本企业必须研究如何通过设计为品牌带来附加价值。日本自古就有酒好不怕巷子深的思想，所以总是埋头制造优良的产品。可是什么叫作优良的产品呢？受市场欢迎、得到消费者好评的产品，才是优良的产品。

没有营销，就无法打磨设计

川岛：很多厂家并没有仔细思考这个问题。

冈藤：是的。换句话说，非常欠缺营销的想法。没有给最终产品加入附加价值，没有在市场上获取主导权。

川岛：所谓主导权，就是像刚才说的奢侈品牌的例子，是要依照市场的需求制造商品，配合消费者认可的价值来制定价格。

冈藤：探寻顾客真正需求的东西，将之变为商业，我认为这很重要。

川岛：说到最后，还是和经营有关吧？

冈藤：是的。经营者如果没有营销感，就无法通过设计来打磨品牌。嘴上说的营销是没用的。就算从某处弄来煞有介事的分析，确定看似精彩的理念，最后商品也能拿出漂亮的设计，终究还是无法打动消费者的心灵。

川岛：就像没有设计的公司去委托咨询公司做设计。

冈藤：即使委托著名的咨询公司，制作出色的文件，那也是说明书而已。如果不能面向消费者，创造出新的设计，认真思考自己公司技术的展现方法，将之产品化……只会是白白浪费金钱。

川岛：一定要想方设法做设计！那么，委托咨询公司也没什么用吗？

冈藤：咨询也很重要，但不能完全委托出去。要充分了解第一线的情况，带着具体的问题与咨询顾问商谈，才会得到答案。如果在一片漆黑中去提问，以为这样就能得到答案，那是不可能的。

川岛：首先，经营者以及员工需要去第一线，面对"真正的顾客"。这又回到一开始的话题了！

冈藤：什么话题？

川岛："有品位"的社长，总会亲自走访第一线，面对"真正的顾客"，这是冈藤先生的话。

冈藤：对吧？不了解第一线，无法生产出"有品位"的商品、出色的商品。因为"品位"和精彩不是企业决定的，而是顾客感受到的。

川岛："有品位"的社长会创造日本。这句话就是总结了。

冈藤：我也总算可以喘口气了（笑）。

感性比计算更重要

川岛：借此机会，想问问您对我担任所长的ifs未来研究所有什么寄语吗？

冈藤：未来研，是伊藤忠商事这个企业的"闲暇"之一，而且必须成为这样的存在。在招待会上，来了许多人，包括各界领袖在内。

川岛：大约来了400位客人。在此表示衷心感谢。

冈藤：希望你珍视这些人脉，打开对未来的突破口。"将感性放在计算之前"。在未来研这样的组织，磨炼感觉非常重要。

川岛：在招待会上，冈藤先生作为伊藤忠的领导，也说过"感性比计算更重要"。在我的熟人中间，冈藤股一个劲儿地上升，都说"你们老板真是帅气！"

冈藤：是我的真心话（笑）。未来研是伊藤忠集团的天线、触角。现在还不知道会长成多大的天线，总之很期待。未来研是伊藤忠集团的研究机构、伊藤忠服装系统的子公司，将这种组织作为事业公司的商社，只有我们吧？

川岛：东洋纺和丸红当年曾有过类似的机构，后来也没有了。商社设立智囊团一样的机构，如今只有伊藤忠服装系统。

冈藤：这不正说明伊藤忠纤维的强大和"闲暇"吗？

川岛：商社的商业模式是以资源为中心，而伊藤忠长期以来都致力于开拓消费者市场，这是伊藤忠独特的地方，也是强大的所在。这一点不仅体现在服装上，也包括全家便利等。

冈藤：作为与消费者直接相连的一线商社，今后也必须重视独特性。川岛小姐的未来研就是先期投资，这也是纤维行业一线商社的矜持。不过，不要离今天的消费者太远，需要把握好未来的度。

不要做长期的未来预测

川岛：我想思考的不是100年后的未来，而是5年后、10年后的未来，是触手可及的未来。

冈藤：当今时代，连1年之后是什么样子都很难预测。商社也在"经营愿景"中提出面向未来的愿景，但还从没有成功过（笑）。要去探索看不到的遥远未来，成功的概率几近于零。预测遥远的未来，我认为意义不大。

川岛：又是过激的言论。让人不要预测长期的未来。

冈藤：当然，具有长期的视野很重要。有时候正是准确预测了未来，才会看到今后的道路。只不过，我更喜欢首先树立可以实现的目标，面向短期目标不断努力。不断积累微小结果，最终就会攀登到顶峰，我是这样认为的。

川岛：未来研的口号是"今日即是未来"。正如冈藤先生所说，关于女性工作环境的真切未来，我认为应该会变得更加丰富、更加富有生活气息。冈藤先生，今后也请您多多支持。

冈藤：非要在这里做出承诺吗？川岛小姐真是不放过任何机会啊。

川岛：因为这是我的"第一线"呀（笑）。

(摄影：的野弘隆)

冈藤先生传授的五个要点

1	正因为是BtoB商业，所以吃透最终顾客=消费者的动向非常重要。
2	直觉是销售的一切。要锻炼直觉，不能闷在公司，不能依靠会议，要去第一线，亲身感受顾客的动向。
3	在商业中最为核心的是，如何赋予销售的商品"附加价值"，如何掌握交涉的"主导权"。
4	日本的产品之所以没品位，是因为经营者和员工没有"闲暇"。
5	对于所有企业来说，设计都是在市场上存活下来的最为重要的价值。

设计者的意见之三

请想象
2200 年的未来
去做"设计"

与石井裕先生的对话
MIT 媒体实验室 副主任

石井先生的讲述

"才能的未来"与"设计的未来"

有许多才华横溢的日本人跳出日本,在世界的竞技场上大展身手,挑战胜利。

在他们的眼中,是如何看待母国日本的呢?

比如说,他们如何看待日本的设计与美?

在此,我请教了担任MIT媒体实验室副主任的石井裕教授。

石井先生的作品,连接了技术与艺术、模拟与数字、现实与虚拟等完全相反的世界,产生出新领域的表现,获得世界范围的高度评价。

这样的石井先生,如何看待日本设计所处的状况呢?

"优秀的设计师从日本流向海外,是因为日本的管理层轻视设计吗?"

对于我提出的这个问题,石井先生的回答是:"您提问的前提错了。"

从设计到人生论,石井快刀斩乱麻。

所谓管理设计的观点,已经过时了?

读之令人恍然大悟。

01　设计这一古老的框框已经死了!

川岛：石井先生在麻省理工学院（MIT）的媒体实验室（Media Lab）任职。从美国的角度看，有没有觉得日本企业的产品和服务的设计缺乏品位、不够精彩呢？

石井：川岛小姐是怎么看的？

川岛：我认为，日本设计师很厉害。有许多在海外一流企业大展身手的日本设计师，比如本书中登场的奥迪的和田智先生、宾尼法利纳的奥山清行先生，苹果的西堀晋先生等。石井先生也是如此。您是MIT媒体实验室副主任，也是媒体艺术与科学的教授，参与高水平的教育活动，培养优秀的艺术家，广受世界瞩目。但是，各位的舞台都不是日本，而是海外。优秀的日本设计师从日本流向海外，这让我觉得，日本设计之所以不好，也许不是日本人的问题，而是日本企业管理的问题。

石井：原来如此……不过，恐怕这个问题的大前提就不对。让我们从这里开始说起吧。

川岛：哎，哪里错了？

石井裕：MIT 媒体实验室副主任。1956 年生。
80 年北海道大学研究生院情报工学专业硕士研究生毕业后，进入电电公司（现NTT）。历任西德（当时）GMD 研究所客座研究员，NTT 人机交互研究所、多伦多大学客座副教授、麻省理工学院教授，2008 年起任现职。

石井：刚才川岛小姐说，日本企业最近的设计没有品位，而苹果、奥迪之类的欧美尖端企业的设计就很精彩。

川岛：是的。

石井：这就错了。

川岛：？

石井：换句话说，所谓"设计"，不是物品外观的概念，不是好看不好看的问题。这种设计的陈腐印象已经过时了，您明白吧？不是换个皮就号称是下一代产品，让消费者扔掉手里还能用的东西来买新的。这种不叫设计。

川岛：确实也有为了"新设计"而买的情况。

石井：但在商品无比丰富的现代，不融入革命性的技术革新、服务革新，仅仅推出"设计新颖的产品"来吸引消费，则已经落后于时代了。

川岛：没错，在汽车和家电行业中，有很多情况都让人觉得没必要做什么设计更新。感觉就像是为了吸引人来买，刻意做的新设计。

石井：对吧（笑）。

"设计差异化"已经不适用了

川岛：服装尤甚。以"流行"的名义，本来是以春夏秋冬每个季节为单位更新，现在更是变本加厉，发展到以周为单位，稍微改改设计就拿出来卖，让消费者感觉刚买的衣服就已经过时了。推销的速度越来越快。

石井：在物质有剩余、消费者成熟的发达国家，"以设计差异化来销售"的营销手法，基本上已经不适用了。考虑到地球的环境问题，恣意浪费有限的资源，强行推出新的商品，到底有什么价值呢？进一步说，仅仅依靠设计的差异化来维持的企业，又有什么存在的意义呢？

川岛：一针见血（笑）。

石井：按照固定的周期不断推出新产品，而且一定要改变设计，这是生产者自以为是的规则，不是消费者的需求，是按照供给侧的逻辑形成的市场。用这种时间周期强行做设计，到底有什么意义？

川岛：没错，服装每季更换，汽车每四年更新——供给侧对于每个产品都规定了周期，不断推出新的设计，但这并不是消费者的要求。在今天，网络的发达让消费者也可以发出自己的声音，还依靠供给侧一方的逻辑来做设计，已经落后于时代了。

石井：正是如此。但是呢，这是关于市场经济、消费市场之类的本质了。在日本，很少能看到对这类话题的认真讨论。即使埋头苦思如何"做出好的设计"，但没人想到问一问这个根本性的问题：一到季节变换的时候就要推出新的设计，这种规则到底有没有意义？

川岛：那么在美国呢？

石井：至少我所在的MIT，早在十多年前的互联网黎明期，就出现了这样的讨论。因为技术的发展和全球化的进展，也包括网络的发展在内，公司所处的环境、个人身边的环境，都在以可怕的速度发生变化，简直可以称之为"地壳变动"。面对这种情况，您可知道，国家也好、企业也好、个人也好，最需要的是什么？

川岛：……是什么？消费者的需求？新的技术？

石井：不是。既不是消费者的需求，也不是新的技术。

川岛：那是什么呢？

石井：愿景。

川岛：愿景？

需要的是"想要创造这样的未来"

石井：是的，需要的是对未来的明确愿景（理念）：要创造怎样的世界，创造怎样的未来，如何让大家幸福。为了实现这个目标，应该做什么——具有明确的未来愿景。有了这样的愿景，才会真正生产新的东西、新的设计。

川岛：而不是简单改改颜色、形状，诸如此类流于表面的设计改动。

石井：没错。即使是设计，如今要求的也是"以愿景为驱动的设计"。反过来说，做不到这一点，就不是设计。换言之，将未来的愿景具象化的力量，才是"设计"。

川岛：不是单纯的"新颖"或"美观"。

石井：当然不是。就结果而言，新颖、美观，当然也是设计的重要功能，但在设计的核心，最重要的是将"想要这样的未来"

以具体的形式或服务表现出来的力量。

川岛：如今的日本企业没有活力，不仅是设计的问题，更重要的是缺乏对未来的愿景。是这个意思吧？

石井：不管是苹果还是谷歌，首先经营者都具有明确的愿景，"想要创造这样的未来"。设计产品和服务，是为了将愿景具象化。至于说日本企业，只关心同比销售额增长量的公司太多了。换句话说，没有愿景。这样当然不可能设计出精彩的东西。

川岛：原来如此。有许多日本设计师活跃在世界舞台上，但日本企业的设计却不好，原因不是设计师没有设计能力，而是企业和经营者没有构建愿景的能力，是这样吗？

石井：是的。我认为，在如此迅速的信息速度和物质增量的趋势中，只有强大的愿景才能生存下来、绽放光芒。

川岛：从历来的营销观点看，要求企业的是市场需求、顾客满意度、卖点、效果和效率。设计也被视为实现上述目标的工具。但是，今后的设计，不能如此短视，必须成为能够体现创造未来之愿景的东西——

石井：对对。

川岛：那么，我想请问石井先生，能将驱动设计的"愿景"这个词，再给出稍微详细一点的说明吗？

石井：我认为，"愿景"这个词，可以置换成"高层次的理念和战略""作为价值基准的思考方式"。

川岛：您是说？

不是设计商品，而是设计思想

石井：技术必然会过时、陈旧。电脑的应用软件不断更新，制造物品的技术日新月异。换句话说，技术是以"改变"为前提的。但是，强大的愿景却可以承受技术的进步和时代的变迁，能够超越时代的变化而延续下去。正因为如此，它能成为催生出新颖设计的"引擎"。

川岛：如今大部分日本企业，都没有深入到这种程度去考虑设计，只是满足于在表面小打小闹，略做修改。

石井：我说过很多次，只设计眼前东西的时代已经结束了。即便在日本，也出现了"设计很重要""设计会左右胜负"之类的言论。但是，这里的"设计"，依旧止步于改良产品的设计。以计算机的世界为例，所谓设计，就是仅仅考虑个别的软件而已。换句话说，就像是把良好的设计当作畅销的软件一样。但我说的设计是以愿景为驱动力的设计，更像是操作系统层面的东西。换句话说，设计不是单纯的物品设计，而是更近于底层结构的设计。

川岛：您说的"底层结构"是指什么？

石井：各类信息通过互联网存在于客户端的空间里，人人都能自由获取，新的底层结构正是以此为前提。我们已经置身于异常迅猛的信息流环境中。在这样的"信息流"中，可以体会到乘风破浪的快感。仅仅纠结于单个产品的设计，而没有意识到这种信息流的环境，不可能做出好的设计。

川岛：不管是东京还是地方城市，不管是发达国家还是发展中国家，世界每个角落都充斥着"信息流"。以前那种中心和边缘的划分，正在变得毫无意义。

石井：正是如此。现代的"信息流"把每个人都和世界紧紧联系在一起。这就是当今世界的底层结构。

川岛：世界的结构变成这个样子，日本企业却没有注意到吗？或者说，已经有所察觉，但依然选择袖手旁观？

石井：两种情况都有吧。总之，日本企业中没有诞生出以世界变化为前提的设计。不仅如此，连复制先行的企业都做不到。完全丧失了ICT（信息通信技术）世界的制空权。

川岛：落后到这种程度吗？

石井：在ICT世界的高空翱翔的，是亚马逊、苹果、谷歌、Facebook，这些企业。他们对于自己想要创造的未来，全都具有明确的愿景。因此他们能够推出各种广受欢迎的产品。Kindle也好、iPhone也好、Android也好，全都不是单个产品。它们是亚马逊、苹果、谷歌设计的生态系统上的终端"窗口"，是类似"信息门户"一样的东西。

川岛：日本的企业都把Kindle、iPhone当作个别的商品来看待。纷纷号称要制造"具有更多功能的新产品""价格更便宜的新产品""外观类似的新产品"。

石井：这些想法连模仿都算不上。亚马逊、苹果、谷歌、Facebook设计的是底层结构。按照今天日本企业的想法，到死也追不上。

川岛：20世纪70年代到80年代，有不少主导世界潮流的日本企业，但它们都在不知不觉间消失了。为什么会这样呢？

没有未来的愿景，设计也就不行了

石井："因为没有睁大眼睛、面向未来。"换句话说，因为什么都没看，没有将世界放进眼中。对于设计，也只能提出好看、华丽之类的要求，并没有认真考虑过设计的概念已经发生巨大变化的事实。

川岛：这里所说的设计，似乎也可以替换成愿景、经营之类的词吧。所以，日本无法诞生出优秀设计的原因，分析得很清楚了。没有愿景，是比设计更大的问题。

02　连接模拟与数字、现实与虚拟

川岛：石井裕先生在MIT媒体实验室做出的产品中，有"可触比特"（Tangible bits）——将没有形态的信息转化为有实体的东西，缩短人类和计算机之间的距离，这就是"可触比特"，在艺术和交流的世界中引发新的变革——我想请教的是，您能具体介绍介绍吗？

启发在于"算盘"

石井：计算机世界中的信息表现为显示器上的像素。换句话说，"没有实体"。要控制计算机的信息表现，必须通过显示器之外的物理控制，比如鼠标和键盘。

川岛：嗯嗯。

石井：但是计算机显示已经相当发达了，简直和真实的东西一样。能否不用鼠标和键盘，直接用手操作"实体"呢？这就是"可触比特"的灵感来源。启发我的是"算盘"。

川岛："算盘？"

石井：算盘将10进制的虚拟信息用"算盘"这种具体机械表现出来。输入、计算、输出，全都是肉眼可见、可以亲身感受到的。这正是具有实体化的交互媒体。

川岛：的确如此。以前从没想到。

石井：既然如此，能否在计算机的世界里实现类似算盘这样的东西？这就是"可触比特"的主题。

川岛：说到实际的作品，像是打开玻璃瓶就会听到音乐的"音乐瓶"、计算机读取沙漏中的三维形态、描绘等高线或水流的"音景（soundscape）"等作品，都是可触比特的具象化。

石井：正如您所说，"音乐瓶"打开瓶盖就会播放音乐，关上瓶盖就会停止音乐。请看这里的影片。

http://tangible.media.mit.edu/project/musicbottles/

（看了影片之后）

川岛：哇，我也想摸摸看。

石井：打开玻璃瓶盖子的行为很重要。非常感性的审美体验，对吧？也有点令人怀念的感觉吧。是不是唤起了身体性的感受？它是从电子设备的开关、鼠标的点击中感受不到的东西。

川岛：嗯嗯。

石井：实践"可触比特"之后就会明白，交互艺术和交互设计之间已经没有界限了。在物品身上，艺术和设计是有区别的。因为设计有了客户以后就变成了商业。但如果设计的是'体验'，其最终的目标就会变成人类身心的终极追求。这样一来，艺术和设计也就没有区别了。

川岛：我认为，艺术和设计只是人为的划分，在感官上无法区别。而刚才石井先生对"音乐瓶"的解释，深合我意。犹如现代艺术的"音乐瓶"，催生出它的思想，也能用于新的商品和服务设计吗？

石井：当然可以。举例来说，把这个原理应用在药瓶上，就可以追踪瓶子的开关信息，从家庭病房向医院或药局发送数据，管理服药的状态，也能提醒患者药物的剩余量。换句话说，就是让药瓶直接联网，那么自然会有更多的应用场景了。

将实际行动数字化

川岛：您的意思是说，将本来没有实际形态的非实体化"信息"与"有形的"行动结合起来，是吧？那么关于您的另一份作品"音景"，也请做个介绍。

石井：请看这里的影片。

http://tangible.media.mit.edu/project/sandscape/

简单来说，人在沙坑玩沙子，比如说堆一座山，那么用计算机实时捕捉沙子堆成的那座山的形状，化成数值加以表现。就是这样的东西。动手堆出沙山沙谷，把这些形状实时反映在计算机的画面上。

川岛：真厉害。现实的行动直接数字化了。

石井：进而可以在那些数据上追加各种信息。"这座山谷的这个部分，到了下午3点，会形成这样的影子""一下雨，这片地方就会有这么多水"，诸如此类，以获取的沙山数据为基础，进行各种分析，加以视觉化的表现。换言之，就是让用沙子堆山这种满足审美意识、赋予形态的艺术性活动，与对那座山的各项数值进行实时分析的数字化活动同步起来。

川岛：通过自身的身体和感觉，同时体验物理世界与数字世界。这个真的很有趣。以前的数字世界，是将一切信息读取到计算机或者互联网上，而操作只能在计算机上进行。石井先生的想法，是将真实的行动直接当作数据读取下来作为反馈。真实世界与数字世界在真正的意义上联系在一起。也就是说，这个沙山游戏不再是一个人玩的，而是大家都能参与的吧？

石井：当然。可以供5到6个人同时玩，这也是它的特点之一。比如说，可以将鸟取沙丘产生的风纹进行数字解析、变成音乐；或者捕捉被水流改变的土地形状化作音乐。

川岛：排除了现实与虚拟、数字与模拟，艺术与设计之间的障碍，非常有趣。

从"可触比特"到"激励原子"

石井："可触比特"是90年代开始着手的项目，这几年得到了更多人的理解。非常开心。

川岛：一开始公布的时候是什么情况？

石井：唔……一开始的时候，很多人不理解它的"意义"。

川岛：哈哈哈（笑），MIT也这样吗？

石井：是的，因为那时候不要说互联网了，就连电脑也才刚刚普及。几乎没人理解那是要做什么。尽管明白创造新事物就会遇到这样的情况，但自己的愿景得不到理解，也很难受。不过现在可触比特的概念逐渐普及，我这个开拓者所做的贡献也得到很高评价，只是到今天它已经不是什么新锐的概念了。

川岛：什么意思？

石井：我们必须进入下一个层次，创造下一个阶段。

川岛：下一阶段是什么呢？

石井：困扰"可触比特"的最大问题是数字状态和物质状态的"非同步性"。

川岛："非同步性"？

石井：比如说，杯子放在桌上，计算机能够识别出桌上的杯子，可以马上画出杯子的模型。那么，在计算机的虚拟环境中，杯子的形状和颜色都很容易修改。但桌子上的实体杯子做不到这一点。

川岛：是的。

石井：那么，有没有什么办法改变这种非同步性，填补这种鸿沟呢？从这个想法出发，结果就是"激励原子"。像这个inFORM，就是激励原子的实现案例。

http://tangible.media.mit.edu/project/inform/

川岛：“激励原子”，又是一个很奇异的名字呀。

石井：在计算机的世界里，只要能写代码，就可以自由改变屏幕上的像素，图画的大小、形状、颜色等都能自由改变。那么，同样的事情能否应用在"原子"上呢？这就是"激励原子"项目的由来。不过依照当今的技术水平，我想恐怕还实现不了。毕竟它需要操控原子。但仅仅想一想未来的可能性，就会非常激动。

川岛：原来如此。坦白说，这个话题太过尖端，我有点跟不上。不过对于石井先生无底的好奇心十分赞叹。

石井：思考新的表现形式，实际展现在大众眼前，颠覆当前的世界视角——没有任何东西比实现这个过程更加令人激动。

社会和商业都在变得超级扁平

川岛：让我们还是从非常高的维度回到现实中来。还是一开始的问题，对于日本的设计，您认为还有什么可能性吗？

石井：（苦笑）我认为，当今时代，再把日本和美国放在一起比较，已经没有意义了。任何地方都有出色的个体，所以这个问题本身也是没有意义的。

川岛：请不要这么说，还是请您给一点看法吧。

石井：硬要说的话，日本毕竟是很独特的国家。第一，社会阶层很固化，一直维持不变。公司就是典型代表。

川岛：就像是"社长很伟大"的感觉吧。一方面口口声声说需要改变，另一方面还是牢牢维持着金字塔的组织结构。

石井：第二，太受规则束缚。只要不是法律的规定，偶尔打破一些规则也是必须的，否则无法创造下一个世界。日本太拘泥于陈旧的规则。

川岛：在前景不明的市场中，维持旧有规则的力量远远大于创造新规则的力量。

石井：第三，太介意他人的眼光。这个问题不仅企业有，艺术界也有。日本艺术家参加展览会，很关心业界媒体的评价。企业更是如此。在公司内做新提案的时候，很担心上司或社长怎么想。这样不可能获得对未来的愿景，也不会产生新颖的创意。

川岛：美国没有这样的情况吗？

石井：完全没有。美国人在考虑他人会怎么说之前，首先会关注自己这个个体。不考虑别人会不会认可，而是考虑自己能否认可。这是判断的标准。您不认为这样的想法更合理吗？

川岛：当然更合理！——很想表示赞同，不过我毕竟是日本人（笑）。

石井：美国的大学和企业都是不受阶层和规则束缚的世界，当然也不会介意他人的眼光。一切都在变得扁平化。这是当今世界的真实标准。

川岛：超扁平化的状态正在成为常识。

石井：我在MIT会和学生展开各种讨论。媒体实验室的学生都是世界各地选拔出来的精锐。那些优秀的人才一个个都很饥渴，不放过任何机会，希望能够迅速飞跃。我很喜欢那种对知识的饥渴精神。

川岛：为什么必须要饥渴呢？

石井：因为如果不饥渴，就无法创造。在肚子撑满的状态下，也就不会产生创造新东西的需要。

川岛：原来如此。

我们的教育目标是培养"刺客"

石井：所以我们的教育目标是培养"刺客"。

川岛：刺客？！又是让人震惊的话（笑）。

石井：罗德岛设计学院的学长，MIT媒体实验室的盟友，前田约翰先生，也这样说："教育者的目标是培养刺客。他们迟早会来刺杀我，但我也不是那么容易被杀的。"他的意见和我的完全一样。培养不出打倒师傅的徒弟，那算是什么教育呢？我也想培养能够刺杀我的饥渴学生。

川岛：了不起的说法。要是在日本，我想学生都不敢和老师顶嘴。

石井：按照日本的风气，学生与教授平等讨论乃是禁忌。而媒体实验室里没有这些规矩。在讨论的时候，不存在老师和学生的差别。大家都是平等而严肃地交锋。不是日本式的师徒关系，而是带有紧张感的对等关系。相互尊重、平等战斗，这样才能创造出某些东西。

川岛：在日本，基本上没有这样讨论的空间。

石井：在媒体实验室，完全没有上下级关系，只有切磋、琢磨、逻辑性的讨论。目的是通过讨论，产生出新的、突出的愿景；通过讨论和对话开展一个个新的创造，不管是教师还是学生提出的。

川岛：您的意思是说，讨论和对决的目的是为了创造下一个愿景？一定会有很多刺激性的、知识螺旋式上升的现象。

石井：面对那种知识螺旋上升的现象，陈腐的规则自然变得毫无意义。因为在讨论中，地位、头衔、现有的规则、性别等，完全没有关系。

03　上了年纪之后的"再启动"(Reboot)

川岛：石井先生在日本任职于电电公司（现NTT），后来成为多伦多大学的客座教授，然后又成为MIT的副教授。那是1995年的事。您在日本工作的时候，就产生出扁平化的思想了吗？

石井：在NTT人机交互研究所时代创作的作品"透明板"，被称为个人电脑之父的艾伦·凯看中，招聘到MIT。现在回头去看，那是39岁时的人生"再启动"（Reboot）。

川岛：在那之后，您成为媒体实验室的第一位日本人教授，走上了一帆风顺的精英之旅……

石井：没有没有（笑）。我完全没有那种感觉，整天忙着在残酷的竞争社会生存下去。这是我真实的心情。媒体实验室有一系列程序去筛选"终身教职权"的教授。如果在职6、7年还没有满足条件，那就只能辞职了。我到第五年总算拿到了"终身教职权"，那也是多少个不眠不夜努力奋斗才得到的。

川岛：成功者的辛苦通常很难传达出来，所以听到刚才石井先生的话，觉得石井先生也是人类的一员，不禁略微放心一点。这么说来，"石井的过激言论"，也不是生来就有的，而是在美国这种超竞争社会锻炼出来的"武器"吗？

一直在日本，会习惯于温室培养

石井：我自己本身并没有任何大男子主义。不过来到美国之后，可能是各种经验在潜意识中促成了我的过激言论吧（笑）。

川岛：经过MIT的竞争，获得了"终身教职"，是不是终于长出了一口气？

石井：怎么可能！就算获得了终身教职，也必须不断发表研究成果。而且还不能光顾着搞研究，还需要到处去找赞助公司，把项目转化成具体的形式。如果不能跳出学校、获得社会上的认可，业绩也不会得到承认。

川岛：不能躲在象牙塔里呀。

石井：这是当然。如果不能切实展现研究的意义，找到出钱赞助的企业，就无法继续研究。

川岛：寻找赞助企业，和销售差不多吗？

石井：我身为教授，同时也是艺术家，也是设计师，也是科学家，然后也是销售人员、商务人士。我不仅要为自己的团队筹措资金，还要筹措资金支持媒体实验室的年轻教授们开展研究。

川岛：真的？以石井先生这样的社会地位，我以为周围应该都会为您做好安排，企业也会排队恳求给您提供赞助，对您百般奉承。

石井：哪有这样的好事（笑）。刚才我也说过，一切层面都是扁平的，这也就意味着一切层面都有竞争。所以在当今时代，即便是大学的研究者，也要求有独创性，有挑战新事物的创业者精神。与地位和能力无关。都要求可怕的、积极的前进精神。

川岛：石井先生，您有什么害怕的事情吗？

石井：发生金融危机，没有企业提供赞助（笑）。但愿经济崩溃不要来临。

川岛：没想到会从石井先生口中听到"赞助很重要"的话。

石井：不管什么情况，要创造出最出色的内容，都需要燃料一样的东西。不管什么创造活动，都是经济活动的一环。只有用金钱确保了自由和时间，才能开展活动，这一点不可忘记。

川岛：有了名气就会不断有企业提供赞助，这种想法……

石井：把世界想得太理想了（笑）。如果不能持续开展受社会欢迎的活动，赞助的企业就会减少。我们做的是无形的东西，无法变成形体，所以需要相信我、愿意为艺术投资的企业和个人。

川岛：提供赞助的企业也要有眼光吧。说到底，能够理解美、知道有没有心动的企业人，数量肯定不会太多。在赞助人这种层面上，日本的企业社会比较迟钝……

石井：日本的财团中，慈善活动的文化还不像欧美这样成熟。不是说有钱有环境，请随便用；而是要让人创造出对世界有贡献、有价值的东西。遗憾的是，在企业社会中，基本上没有这样的土壤。

川岛：之所以很少出现才能优秀的人才，也有这方面的原因吧。所以曾经一度领先的日本企业，如今一个个没落了。汽车、家电、手机、服装，都是如此。

石井：到底还是孤岛效应。习惯了温室一样舒舒服服的环境，就没办法在世界这个大竞技场上战斗。

虫洞在空间里诞生

石井：昨天（2013年11月2日），科学家茂木健一郎先生和建筑家隈研吾先生在Tokyo Designers Week（TDW2013）上举行了公开对谈。

川岛：都是重量级嘉宾。

石井：讨论的内容非常精彩，真是智慧的交锋！我将这一状态描述为"前线快攻"。不管对手打来什么球，抢在球到达顶点之前就反击回去，加上隐喻性的旋转，打出一条全新的弧线——就是这样的交流，强烈的速度和节奏令人无比兴奋。昨天的对谈就是这样。结束之后的伏特加也无比美味。

川岛：没能参会，真是遗憾。

石井：茂木先生与隈先生的对话非常精彩。隈先生为歌舞伎座设计的全新建筑也非常漂亮。

川岛：这次的歌舞伎座，好像是第五次重修，目标是"让子孙继承歌舞伎的百年剧场"。听说不是全新设计，而是继承之前的建筑思想所做的设计。

石井：是在尊重歌舞伎座所具有的个性和价值的基础上，融入现代性的东西。这个理念非常精彩。我自己也受到很大启发。

川岛：具体来说呢？

石井：在听隈先生讲解的时候，仿佛感受到隈先生设计的歌舞伎座在对我说话，激发我的想象。我的身心都在发生变化，仿佛触手可及一般。他人的信息进入到自己心里，改变自身的行动方式。这一连串的连锁反应，正是所谓的"创造"，也是最精彩的瞬间。这样的瞬间，我称之为"隐喻概念空间连续跳跃"。

川岛：隐喻概念空间连续跳跃？

石井：隐喻性的概念在对话者之间交织跳跃，就像空间中诞生出虫洞，话题在虫洞中跃迁一样。那是非常令人兴奋的经验。而且昨天晚上还有一个非常精彩的邂逅。对谈结束以后，许多观众都提了问题，其中有位女性的问题十分精彩。

川岛：是什么的问题？

石井：那位女性是在谷歌从事营销工作的。她评价说："最近去潜水，体会到自然世界和人类世界完全颠倒的感觉。听了今天的对谈，我又一次体会到同样的感觉，得到极大的收获。"她将之形容为"改变人生的体验"。

获得了"改变人生的体验"

川岛：不是做些敷衍的提问,而是认真阐述自己的意见。

石井：是的。她和讲台上的我们构成了扁平的关系,产生出相互刺激的交流。这是非常了不起的才能,我想。所以我马上在Facebook上加了她好友(笑)。

川岛：在新的关系中开展刺激性的交流。在那么多到场观众里,只有一位这么说吗?

石井：也许吧。但只要有一个这样的人,对我来说也是巨大的收获。而且,"改变人生的体验",意思是自己的人生都被改变了,这让我非常开心。这是很积极的评价。我相信,今后她一定会做出独创性的、精彩的事情。

04 "出头力""开路力""造山力"

川岛：石井先生在超扁平的世界中展现出突出的才能。那么，在您身边，这样的人有很多吧？

石井：我会把每天想到的事情都在Twitter上像记笔记一样公开写下来。最近的Twitter上也写到了关于竞争的问题。"100米短跑比别人跑得快，那不是真正的竞争。独自去开辟无人涉足的荒野，独自在没有道路的地方奔跑。那是竞创，那里没有观众，没有裁判，没有秒表。"这句话，是受到将我召来MIT媒体实验室的创办人尼古拉斯·尼葛洛庞帝的启发而想到的。他说："不要延续和以前一样的研究。人生苦短，挑战新事物乃是最高的奢华。"

川岛："挑战是最高的奢华"——斩钉截铁的论断。

石井：独自在没有任何固定赛道的荒野上开拓，孤独地奔跑，这才是真正的竞争。那里没有观众，没有裁判，也没有秒表。在已经存在的赛道上跑得再快也不是竞争。开辟崭新的道路，才是真正的竞争。

挑战是最高的奢华

川岛：表述相当激进，但也充满了诗意。

石井：我自己也私下也觉得这是很有魅力的想法（笑）。不过后来有一天我读到了高村光太郎："我面前没有道路。道路在我身后。"同样的意思，表达得比我和尼葛洛庞帝更短、更有冲击力。高村光太郎真是厉害（笑）。

川岛：石井先生运用语言也和诗人一样。您也是语言的天才。您说过，要成为优秀的人，需要"出头力""开路力""造山力"。

石井：要进我的讲座，竞争率超过100倍。我会向选中的人传授强大的技术力和艺术的设计力，还有交流的能力。这是我的职责。其中，我对学生提到的就是这三点。

川岛：您能对每一点分别做一些说明吗？

石井：首先是"出头力"。枪打出头鸟，并非日本独有的情况。出头会被打，是世界上的普遍现象。越是优秀、越是突出，越会受到四面八方各个角度的打击。所以为了生存下去，就需要突出到谁都无法打击的程度。怀着坚强的信念，突进到谁也无法打击的地方。这样的力量非常重要。

川岛：也就是说，必须要有远远超越一般人的决心，要有远远超出的态度才行，是这个意思吧？

石井：是的。至于"开路力"，就是说我前面没有路，我身后是道路。正是来自于刚才高村光太郎的诗句（笑）。要点是自己开辟道路。

川岛：也就是忍受孤独，在荒野中全力开辟道路。

石井：没错。最后的"造山力"，是从自己的亲身经历中诞生的词，也就是MIT的生存竞争中产生的词。我刚到MIT的时候，想的是攀登无人涉足的山峰。然而这里并没有山。首要的工作不是登山，而是要建造一座可以攀登的山。

川岛：石井先生是如何从零开始创造新的东西、诞生独创的想法呢？

石井：不管遇到什么事，都不要当作偶然而忽略，而是要将之视作必然，发掘它的意义。始终带着这样的想法，就会看到新的机会。

川岛：听起来似乎很容易，但实际做起来好像很难呢。

石井：新的想法不会从纯粹的虚空中诞生。人总是从已经存在的想法出发，以新的视角加以组合，才会产生出新的价值。以前人提出的观点为基础，才能攀登到更高的地方。这就是革新。所谓温故知新，就是在深入理解前人工作的基础上，提出独特的视角、哲学和价值体系。

川岛：想要新，必须了解旧。

石井：所以不学习不行（笑）。

"屈辱感""饥饿感""孤高感"

川岛：石井先生是自己给自己设定课题和目标，在这个基础上不断创造出新的东西。对自己的要求非常严格。换了我，早就认输了。

石井：不能输给自己啊（笑）。"出头力""开路力""造山力"这三点号称"石井三力"。实际上还有。就是"石井三感"。

川岛：还有啊（笑）。是什么，石井三感？

石井："屈辱感""饥饿感""孤高感"。

川岛：含义呢？

石井：首先是"屈辱感"。一开始不管谁都把你当成毛头小子，谁都不拿你当回事。将这段时期的愤懑积蓄起来，将那种负面情绪想办法转成正能量。这就是"屈辱感"。举例来说，被男人甩的时候，心中想的是"要变得更优秀，迟早让他后悔"。屈辱也是生命的能量。就像西田佐知子《女人的倔强》、竹内玛莉亚《Single Again》那样（笑）。

川岛：连《Single Again》都出来了呀（笑）。石井先生还真是浪漫。

石井：（不好意思地笑）第二点是"饥饿感"。没有这个，眼前就算有机会也看不到，当然也不会抓住机会。可以说，要有动物的那种"饥饿感"，这是绝对条件。没有"饥饿感"，人生的成长就会停止。

川岛：如何才能像石井先生那样一直保持"饥饿感"呢？一般人很容易满足，不是吗？

石井：保持"饥饿感"的秘诀是收费的，首先请提供赞助（笑）。

川岛：狡猾！

石井：（无视）最后是"孤高感"。也就是创造出全新事物的那一刹那。越具有创造性，越无法被人理解。换句话说，在那个时间点上，没有志同道合者。论文无法发表，奖项也得不到，基金也申请不了。陷入这样的状况，会被孤独感折磨，觉得自己是不是弄错了。要克服那种孤独，就在于"孤高感"。要诞生出真正富有创造性的东西，就必须忍受真正的孤独。

川岛：明白！但是似乎很辛苦呀。

提出好的"问题"很重要

石井：不过，对于年轻人，还有一点需要注意。因为当自己认为是创新，却得不到他人理解和赞美的时候，还有一种可能性，那就是："这个想法完全是垃圾。"

川岛：哈哈哈，这种情况其实很多吧。

石井：的确如此。9成创意，不，9成5的创意，都是一无是处的垃圾。正因为如此，才必须大批量提出创意，并且在认定是垃圾的时候也要毫不眷恋地抛弃。如果死死抓着毫无价值的创意不放，只会白白浪费时间。这是最糟糕的。

川岛：精彩的创意和垃圾的创意又该如何区分呢？

石井：要想区分，请向自己认真提出这样几个问题："So what"（所以呢？）"Who care"（谁会从中看出价值？）"Why？"（为什么这么做？）这样做，就会看透创意的本质或者脆弱性。不断"提问"非常重要。

川岛：很容易忘记对自己提问。

石井：提出好的"问题"比给出好的"回答"更加重要。反复追问自己"为什么"，最终可以抵达哲学的境地。

川岛：石井先生也会对自己的创意提出"为什么"吗？

石井：当然。我准备了很多导弹去攻击自己认为"漂亮"的创意，这样才能把创意提高到哪个导弹都打不到的高度。这种训练每天都在做。

川岛：而且创意还必须美。

石井：归根结底，首先要让人觉得美，"新的"东西才能传达给更多的人。

川岛：所以石井先生的作品中，到处都洋溢着诗性的故事。接受的人首先是被美感和愉悦打动，然后才是理性上的接受。

石井：我创作的东西一眼看去都有具体的形态，但其中也常常嵌入了抽象的信息，蕴含着不输于实体的表现。我希望接触到我作品的人，对那些抽象信息也能做出各种解读。

川岛：？

石井：譬如前面介绍的"音乐瓶"。有人说，最好在瓶子里放点什么。但是我坚持认为，必须保持绝对的"虚无"。

川岛：为什么？

石井：如果是喜欢的威士忌瓶子，里面会有残留在心中的深邃味道；如果是香水瓶，则会有唤醒记忆的性感香气。我希望"音乐瓶"能让人们从中引出沉睡的记忆，做出自己的解释。换句话说，我希望观赏者提升自己的想象力，用自己的想法去补全这个作品。

从组织时代到彻底的个人时代

川岛：对了，关于企业中的设计、技术和营销的关系，我有一个问题。当今时代，我想这三者应该联合在一起进行一体化开发，但在大企业中，存在着各种部门组织间的高墙，彼此独立，互不相连。该怎么办呢？

石井：要想在企业中引发变革，必须破除一切墙壁，让思想自由扩散。但更根本的问题是，为什么企业中会出现这样的高墙？说到底，是因为产业革命需要分工。换句话说，分工合作是一项重要的发明。通过分工，效率大幅提升，从而促进了产业革命的成功。

川岛：但现在这种分工体制变成了"创造"的障碍？

石井：当今时代，如果不能超越设计部门和营销部门的分工，公司就无法维持下去。这一点，大概许多日本企业已意识到了。然而之所以无法打破墙壁，归根结底还是因为主事的经营层和管理层优先考虑的是自己圆满退休，而不是企业的发展吧？

川岛：唔……是这样吗？

石井：你看，人一旦上了年纪，就不愿意做什么革新了。因为革新很可能遭到年轻人的反抗。所以从个人的角度出发，尽力维持现在的体制，等待圆满退休，这是最惬意的选择吧（笑）。

川岛：确实有人只考虑自己的未来。但这种想法不是也很无聊吗？

石井：如果真的想让公司延续到百年之后，那自然会发现有许多要执行的战略和战术。然而中老年人如果只想着圆满退休，当然是什么都不做最好。

川岛：企业的发展与员工的惬意，不是一个方向啊。不过，我没想到石井先生也会说出这样的话。

石井：讽刺地说，这是成人的美学、上班族的美学（笑）。

川岛：这样好吗？

石井：这毕竟也是个人的自由。不过，当前是极度重视个体的时代，公司员工的身份没有任何优越性。一旦失去了公司的名字和头衔，自己这个个体能做什么、有什么个性，就会受到拷问。

川岛：即便身在企业，也需要仔细思考自己的资质和才能，同时也应当在组织中充分发挥自己的能力；反过来说，组织也需要最大限度地发挥个人的力量，否则无法在今后的时代存续下去。

请思考2200年

川岛：最后一个问题。听您的话，我感觉，超级扁平化已经成为世界标准，但唯独日本的行动很迟缓。如何才能更新日本的版本，让个人才能与世界紧密结合呢？

石井：肚子如果不饿，就不知道想吃什么，也看不到任何机会。所以首先要保持对知识的饥饿感，然后要尽力走出去，出人头地，要在尚未形成道路的地方奋力奔跑。也就是"出头力""开路力""造山力"这三点，请千万不要忘记。

川岛：铭记于心（笑）。

石井：只有漆黑的黑暗和远处的星光，寂寞难耐。但是远处有小小的闪亮星星，那星星就是"愿景"。

川岛：不愧是石井先生，说得非常浪漫。带着知识的饥饿感去挑战创造，那是无比孤独的。

石井：在独自创造的过程中，自己必然会处于边缘化。只有通过边缘化，才能诞生出可以称之为革新的东西。

川岛：在这个意义上，每个人都平等拥有面向未来的革新机会，无关才能。

石井：当然。我每次演讲，最后总会说，"请思考2200年"。

川岛：为什么？为什么要思考200年后的事？

石井：我的意思是，不要总想着如何提升下一个季度的营业成绩，总想着怎么圆满退休，总想着让大家满怀崇敬来参加自己的葬礼，而是要去想想更加广阔的未来。

川岛：那么，您能用一句话描述您所想象的未来吗？

石井：到2050年我就不在了；到了2100年，现在活着的人基本上也都不在了。不过，即使肉体消失，名字被遗忘，但自己的理念说不定还会延续到2200年的世界，照亮那时的整个世界。

既然如此，就去创造能够延续200年的"愿景"吧。

川岛：啊，鼓舞人心的话语！我也会好好思考200年后的愿景。

石井：想好了请告诉我。那时候我们再来激辩吧。

(摄影：铃木爱子)

石井先生传授的五个要点

1	今后的社会,不管哪个领域,也不管什么地位或能力,要求的都是积极承担风险、勇于挑战。世界已经变的"超扁平"了。
2	挑战是最高的奢华。不过,新的想法不是从虚空中诞生出来的。重要的是,以新的视角重新组合世上已然存在的设想,以此诞生新的价值。
3	要看透到底是不是精彩的设想,核心在于诘问自己:"为什么?""所以呢?""对谁有价值?"
4	有了愿景之后,才会诞生出真正的设计。设计的工作,是将"想要这样的未来!"这种想法表现为具体的形态或服务。
5	愿景是什么?愿景就是"高层次的理念和战略""指导方针=作为价值基准的思考方式"。

结　语

本书是根据我与三位业界领袖和三位创作者的采访录整理而成的。经营领袖有日本Culture Convenience Club株式会社代表董事总裁增田宗昭先生、三越伊势丹控股董事长社长大西洋先生、伊藤忠商事董事长社长冈藤正广先生。创作者是Art Director/Creative Director佐藤可士和先生、设计师和田智先生、MIT媒体实验室副主任石井裕先生。这几位所从事的工作内容、涉及的领域各种各样，有的是我熟识已久的人，也有第一次见面的人。

采访的主题，正如本书标题所示，是面向日本企业经营层的主题："老板，这种设计没人买！"那么，怎样的设计才能有人买呢？对于我的这个问题，创造出"精彩"的六位经营者和创作者，给出了各自的回答。

总之，我在采访中径直切入，单刀直入地请教意见。在采访之前，我的心中也颇为不安，不知道能否顺利得到答案，也不知道采访能否顺利进行。

开心的是，采访一开始，我就被六位经营者和创作者深深吸引了。

EPILOGUE

要说为什么，首先当然是谈话的内容很有趣，而另一方面，我也被几位的人格魅力所吸引。即便是很唐突的问题，我自己都觉得"大概不会回答我吧"，实际上各位也都做了认真的回答。当我询问"能否写在书里"的时候，也都回答我说"没问题"。各位的气度都很恢弘，不禁让我也变得更开放，接二连三抛出各种问题。

增田先生在桌上摊开白纸，一边画图写字，一边精力充沛地组织词句。他的节奏非常好，跟上他的思路都很费劲，我只好死死抓着问题纠缠他。

可士和先生的采访足足有两个小时。在这个漫长的采访中，如预想的一样，他始终是以锐利而毫无拖沓的话风做出回答。坐在整整齐齐的办公室里，充满自信地侃侃而谈，不禁让我感叹他那特别的人格魅力。

大西先生始终都在真诚地面对问题，这一次的采访也是明快而坦率。说到"更多挑战"这个话题的时候，大西先生的眼神变得严

结　语

厉，嘴角也拉直了，呈现出对自己和他人都很严格的领导侧面，给人留下深刻印象。

和田先生，以灰色Polo衫和白色牛仔裤的装束飒爽现身，机敏而干脆的话风独具特色。我对汽车不太熟悉，一开始有点担心，但即便是不懂行的问题，和田先生也做出认真的回答，非常绅士。

冈藤先生总是一副笑口常开的愉快形象，今天努力想要做出一副严厉的模样，然而毕竟力有未逮。在采访中，我完全被他的步调带着走，不过这样的采访也让我充满了力量。

石井先生的说话速度犹如机关枪一样快而有力，一开始我就被他压倒了。不过随着交谈的深入，也逐渐看出石井先生腼腆而浪漫的一面，内心深处变得温暖起来。

结束了六个人的采访，我发现，他们的强烈个性，正是让企业、人员、店铺、商品充满魅力的原因。

最后，我想再整理一下这些采访留给我的感想。

首先是各位经营领袖，都对设计的价值和意义做出了相当高的

EPILOGUE

评价。"经营即是设计。公司的价值在于设计",这是增田先生的断言。他将经营置于设计的中心,在这个巨大的构造中,CCC的新门店尤为出色。冈藤先生是以一切物品做商品的综合商社的领导,他指出,"要想在市场上幸存,设计是最重要的价值"。这个论断让我颇为惊讶。他认为,在世界市场上,日本要想生存下来,必须通过设计来创造企业价值。两位领袖所指的设计,都没有停留在颜色或形状这种狭义的层面,而是更为深远的概念。发展强劲的企业领导层,将设计视为身边最重要的东西,这样的观点令人安心。

创作者的意识也与优秀经营者的意识相呼应。"领导亲自和创作者交流,做出明确的判断,令项目进入实行阶段",可士和先生触及了领导层的重要性。"将设计置于经营中枢非常重要",这是和田先生的看法。"有了愿景之后,才会诞生出真正的设计",这是石井先生。要诞生出强大的设计、畅销的设计、永存的设计,最重要的是将经营和设计的距离拉近。进一步说,就是要直接联系在

结　语

一起。这一观点令人信服。如果理解设计的经营层与优秀的创作者联手，企业和设计一定都会变得更加优秀。我对此深信不疑。

那么，所谓用设计来决定价值，究竟意味着什么呢？在本书中登场的经营者和创作者，异口同声地断言说："创造未来，不断挑战。"

石井先生说"想要这样的未来"，触及了给未来赋予具体形态的重要性；和田先生尊重"过去"，解释"今天"，创造"未来"；可士和先生说，值得追求的是"描绘未来的力量"。

换言之，人们追求的是描绘理想未来的具体物品和服务。只要是那样的物品和服务，必定能够畅销。而且只有针对描绘未来的物品和服务所做的设计，才是优秀的设计、精彩的设计。也就是说，所谓设计，既不是为了新而制造新，也不是为了给出奇特或新颖的提案。

六位经营者和创作者异口同声地说：如今这个时代，是前所未有的变革期，需要更大的挑战和跳跃。

"要从事超越能力界限的工作，才能获得成长"，这是增田

EPILOGUE

先生的意见。也就是说,维持现状是没有任何意义的。这话虽然严厉,但仔细想来,为了面向未来、拓展公司的经营,领导层必须这样思考。为了延续下去,必须不断进化。从危机意识中诞生的观点,令人信服。

挑战和跳跃是必须的。石井先生说,"挑战是最高的奢华",这话令人印象深刻。当然,挑战新事物伴随着风险。书中登场的六位经营者和创作者所具有的高度创造力,不是每个人都有的。那该怎么办呢?大西先生说,"自己的工作是排除阻碍员工开展挑战的因素",给出令人安心的声援。度量宏大的经营领袖,愿意给积极的创造性工作提供一切援助。

最后,还有一点很深刻的感想。"直觉是商业的一切。要想磨炼直觉,需要在第一线用肌肤去感受",这是冈藤先生的意见。"第一线员工的感觉最有用处",这是大西先生的意见。"一直在写企划书",这是增田先生。三位企业领袖都亲自去街头、去门店、去查看商品,从消费者的观点出发,尊重创作者的工作。

结　语

　　了解第一线的优秀经营领导，与顶尖创作者联手，结成最强的组合。这种组合一定会将日本的设计变得更加丰富、更有魅力。

　　我感到颇为幸福。

2015年1月

川岛蓉子

川岛蓉子（かわしま·ようこ）
ifs（伊藤忠Itochu Fashion System）未来研究所所长

1961年生于新潟县。
早稻田大学商学部毕业。文化服装学院营销科结业。
多摩美术大学客座讲师。Good Design Award评审委员。
长期关注研究品牌经营，擅长为不同领域的企业打造品牌形象。
于日经MJ、Brain、读卖新闻等拥有个人连载专栏。

著作
《川岛计划》（文艺春秋）
《伊势丹物语战略》（PHP研究所）
《精神思考》（新潮社）等。

看完本书

作者还有一封给你的信

老板,这种设计没人买

产品经理 | 黄圆苑　　装帧设计 | 矢镜霖
技术编辑 | 陈　杰　　监　　制 | 孙淑慧
责任印制 | 刘　淼　　出 品 人 | 于　桐

图书在版编目（CIP）数据

老板，这种设计没人买！/（日）川岛蓉子著；丁丁虫译. -- 昆明：云南美术出版社，2018.5
ISBN 978-7-5489-3014-3

Ⅰ.①老… Ⅱ.①川… ②丁… Ⅲ.①产品设计－企业管理 Ⅳ.①F273.2

中国版本图书馆CIP数据核字（2017）第289320号

图字：23-2017-166号

SHACHO SONO DESIGN DEWA UREMASEN！written by Yoko Kawashima.
Copyright © 2015 by Yoko Kawashima
All rights reserved.
Originally published in Japan by Nikkei Business Publications, Inc.
Simplified Chinese translation rights arranged with Nikkei Business Publications, Inc. through CREEK & RIVER Co., Ltd.

本书中六位访谈对象的头衔，依据原书首版

责任编辑：梁　媛　　于重榕
责任校对：李　平
产品经理：黄圆苑
装帧设计：朱镜霖

老板，这种设计没人买！

[日] 川岛蓉子 著　丁丁虫 译

出版发行：云南出版集团
　　　　　云南美术出版社（昆明市环城西路609号）
制版印刷：北京盛通印刷股份有限公司
开　　本：880 x 1230毫米　1/32
印　　张：9.75
印　　数：1-12,000
字　　数：208千字
版　　次：2018年5月第1版
印　　次：2018年5月第1次印刷
书　　号：ISBN 978-7-5489-3014-3
定　　价：58.00元

版权所有　侵权必究
如发现印装质量问题，影响阅读，请联系 021-64386496 调换。